Nalan's Poems

知 秋 书 系

人生长恨
水长东

——李煜词传

李溪亭 ◎ 著

中国出版集团
现代出版社

图书在版编目（ＣＩＰ）数据

人生长恨水长东：李煜词传 / 李溪亭著. — 北京：
现代出版社，2018.6

ISBN 978-7-5143-7084-3

Ⅰ．①人… Ⅱ．①李… Ⅲ．①李煜（937-978）—传
记②李煜（937-978）—宋词—诗歌欣赏 Ⅳ.
①K827=432②I207.23

中国版本图书馆CIP数据核字(2018)第109460号

著　　者　李溪亭
责任编辑　杨学庆
出版发行　现代出版社
地　　址　北京市安定门外安华里504号
邮政编码　100011
电　　话　010-64267325 64245264（传真）
网　　址　www.1980xd.com
电子邮箱　xiandai@cnpitc.com.cn
印　　刷　三河市金元印装有限公司
开　　本　880mm×1230mm 1/32
印　　张　8
版　　次　2018年9月第1版　2018年9月第1次印刷
书　　号　ISBN 978-7-5143-7084-3
定　　价　39.80元

目录
CONTENTS

李　　　煜　　　词　　　传

目录
CONTENTS

李　　　煜　　　词　　　传

李　　　　煜　　　　词　　　　传

目录
CONTENTS

李　　　煜　　　词　　　传

第一章

笙箫吹断水云间，
重按霓裳歌遍彻

第一节　一壶酒，一竿身，快活如侬有几人

《渔父》其一

浪花有意千里雪，桃李无言一队春。一壶酒，一竿身，快活如侬有几人。

《渔父》其二

一棹春风一叶舟，一纶茧缕一轻钩。花满渚，酒满瓯，万顷波中得自由。

　　竹林深处，有一座小木屋。茶台上是刚刚沏好的清茶，竹椅上有一卷翻开的诗书。泥土的芬芳随风四处飘荡，伴随着茶香，不禁让人心旷神怡。

　　这似乎便是传说中隐士的生活，不问世俗，不理凡尘，远离喧嚣，隐居在宁静的深山里。最为有代表性的诗人便是陶渊明，他的"采菊东篱下，悠然见南山"为南山添加了一

些神秘，还有便是幻想。

自古以来，想要离开凡尘进入深山、田野之间隐居的人数不胜数。王维便是其中之一，"即此羡闲逸，怅然吟式微"，这便是他的愿望，与他同时代的还有孟浩然，甚至李白、杜甫也曾写过赞扬农家美景怡人的诗句。

不得不说，隐士的生活，在古代是一件很令人向往的事情。在官场，这个血淋淋的现实中，不知多少人想要避开，想要离去。就好比从嘉，他看到了兄长为了利益犯下的罪恶。赤裸裸而血腥，冷酷无情。他害怕，他不想为此而失去生命，更何况他是一个感性的诗人。这样残暴果断的事，他做不出，而唯一可以做的便是躲起来。

公元937年，李璟的第六个儿子诞生。他为其取名从嘉，后更名为李煜。虽说李从嘉是老六，但实际上却是老二。从李璟的次子到五子，全部都夭折早亡。而活下来的便是老大李弘冀，与老六李从嘉。

南唐中宗李璟当年在先主李昇的墓前发过誓，皇位会传给兄弟而不是儿子。但叔父李景遂自己对皇位不感兴趣，一心只想做一个逍遥王爷。与此同时，李弘冀又在外征战，得胜归来。按照长子继承皇位的传统，以及诸多因素，这太子之位便给了长子弘冀。

李从嘉的生活本是逍遥快活，从小便是锦衣玉食，既然上面有哥哥，又有叔父、父皇。政务一直与他无缘，而他却很好地传承发扬了祖父与父亲诗人的心，不仅文学素养高，有天赋，又具有琴棋书画的相关知识与造诣。大周后与李从嘉之所以可以在政治婚姻的前提下真心相爱，其中主要是因为志趣相投。

李从嘉本就只想这般到老，做一个逍遥王爷，享受世间最美的一切。可他是老二，又因为文学方面的天赋，父亲李璟对他十分喜爱。而让李弘冀不能忍李煜的便是他的相貌。

南唐是一个十分迷信的朝代，李昪是丹药中毒而亡，李璟也是一个迷信之人。在这样的环境下，弘冀不免也有些迷信。而李从嘉的长相呢，刚刚好便是当时所说的帝王之相。

据陆游的《南唐书》记载："从嘉广颡丰颊骈齿，一目重瞳子。"在当时，医学不发达，人的见识水平还没有提高，人们眼里这不是病变而是权贵之相。李弘冀对此自然深信不疑。

李弘冀的猜忌改变了李从嘉的一生，若是他信任每一个亲人，也不至于如此。自从叔父李景遂死后，李弘冀便把矛头指向了李从嘉。

从嘉只不过是想要宫廷里的富贵生活，让他不至于为衣食住行发愁罢了，吟诗作赋才是他的爱好。兄长每日每夜的压迫与威胁，让他害怕。他作画，写诗，他告诉所有人，他只想遨游于天地间当一个过客，一位隐士。

瞧，水边斜躺着一白衣公子。只见他捧一壶清酒，望向远方，良久之后提笔挥洒出这两首《渔父》。

浪花卷起千层浪，从远处奔流而来，一层一层好像在欢迎谁似的，那浪花洁白似雪花。又有桃李争先恐后绽放，春意盎然之景，将春天的气息展现得淋漓尽致。"一壶酒，一竿身"两句让总我想到王士帧的那首《题秋江独钓图》："一蓑一笠一扁舟，一丈丝纶一寸钩。一曲高歌一樽酒，一人独钓一江秋。"

　　王士帧在这首诗中用了许多"一"字，而这个字无非又是在告诉读者，这是一个孤身钓鱼之人。他孤身却不觉得自己孤独，他离开了红尘，贪婪地享受如今独处的悠然自得。而李从嘉也是这般，在水边，望着水流里的浪花，对岸的桃李花，嘴角不禁有些笑意。

　　这样无人的场景似乎最适合他静一静，在远离那些喧嚣之后，才发觉原来世界还可以如此宁静，如此怡人。虽身边只有一壶酒，一支竿，却也十分自在。不然为何言及，"快活如侬有几人"？

　　这一刻，从嘉甚至忘记自己是在为别人题词。此情此景，让他早已将自己置于其中。自己这般快活自由自在，可世间之人总是被束缚，被捆绑。他们感受不到自己的乐趣，这也是一种损失。

　　第二首《渔父》依旧是在水边。他负手而立，眺望远方，好像将一切望穿。眼前此景当真是妙哉，扁舟行于江上，江中小岛上开满鲜花。视野开阔，春风袭面，花香随风而至。他伸手唤了唤随从，指着空了的酒樽，示意将其添满。美景配上美酒才是人间极品吧。

这两首词，基本上是一样的，都是江边与江上的风景，配上酒便让一切更为微妙。上一首说，"快活如侬有几人"，而这一首便是，"万顷波中得自由"。一样的自由，一样的快活，他不是为了伪装给兄长看。他是千真万确地爱上了眼前的生活。

如果可以在江边搭一个小屋，在院子里种一些蔬菜。每日清晨，推开门面对的便是滔滔江水。将书桌放在靠窗的位置，摆上文房四宝。听着江水声，读书，研墨，绘图，一切都美不胜言。

酒似乎在古代文人诗词中是离不开的话题。曹操也曾写道："何以解忧，唯有杜康。"而总是写酒的便是李白："将进酒，杯莫停。"又或是："举杯邀明月，对影成三人。"

只不过，在不同的人的笔下，酒被赋予不同含义。在不同的情境下，又会有不同的寓意。在李从嘉的诗词中，酒用得虽不特别多，却也不少。但他基本上只在两种情况下说到酒，那便是大喜和大悲。

而在此处，便是大喜，他觉得自己迷茫的人生终于找到了释放之处。这样的生活可以给予他一切想要的追求的。他的父亲是个爱文之人，流传于世的作品不过五首，却首首是精品。而最有代表性的，便是那句"小楼吹彻玉笙寒"。

李璟与冯延巳的关系十分好。虽然是君臣，也经常在一起笑谈人生，饮酒作诗。当时冯延巳就曾作了一句"风乍起，吹皱一池春水"。别的不说，冯延巳在花间词中的地位也是有目共睹，他的诗作相当传神。而这一句，也是动态十足，让人似乎看到了一个故事。但却远远不及那句，"小楼吹彻玉笙寒"。

李从嘉的文学才能从父亲这里得到了很好的启蒙，他的人生便也是这样潜移默化受到父亲的影响。

李煜名字取自"日以煜之昼，月以煜之夜"。从此他便开始了光辉、非比寻常、跌宕起伏的诗意人生。他的第一首记录在案，流传下来的词便是《渔父》。李从嘉的人生便从隐居开始，从江边如痴如醉的少年郎开始，从更名为李煜开始。

第二节　红日已高三丈透，金炉次第添香兽

《浣溪沙》

红日已高三丈透，金炉次第添香兽。红锦地衣随步皱。

佳人舞点金钗溜，酒恶时拈花蕊嗅。别殿遥闻箫鼓奏。

世人皆知皇宫生活奢侈豪华，纸醉金迷。花间词的鼻祖是唐代的温庭筠，他曾在《夜宴谣》一诗中提及宫廷之中王室富贵的生活。

长钗坠发双蜻蜓，碧尽山斜开画屏。

虬须公子五侯客，一饮千钟如建瓴。

鸾咽姹唱圆无节，眉敛湘烟袖回雪。

清夜恩情四座同，莫令沟水东西别。

亭亭蜡泪香珠残，暗露晓风罗幕寒。

飘飘戟带俨相次，二十四枝龙画竿。

裂管萦弦共繁曲，芳樽细浪倾春酤。

高楼客散杏花多，脉脉新蟾如瞪目。

其中"裂管萦弦共繁曲，芳樽细浪倾春酤"描述了宴席中丝竹管弦，美酒歌舞样样俱全的景象。这让人不禁想起李煜的《浣溪沙》，只不过他更为巧妙地描绘了那番宴席，那番从深夜直至天明的盛宴。

李煜是一个多情的男子，一个感性的诗人。他与大周后本是政治联姻，两人却如同相见恨晚一般，迅速进入热恋之中。他的词不乏写他们婚后的幸福生活的，大周后不仅端庄贤惠，又能歌善舞，还能吟诗作赋。

在李煜这首《浣溪沙》之中，虽没有描绘大周后，但不容置疑，这样的日子让他很快乐。与前面所说的江边春色怡人不同，这里的美是奢靡的，是典型的宫廷享乐。

他笔下跳舞的女子妩媚多娇，气氛也是其乐融融。正如陈善在《扪虱新语》中所提及的："帝王文章，自有一般富贵气象。"确实如此，不论是李煜纯宫廷享乐词作，或是与大小周后的你依我侬，抑或是后期亡国后的哀悼词，皆不输那份富贵之气。李煜出生在帝王之家，从小接触的便是上流社会的享乐。奢华在他的眼里从来都不特殊，对于别人那是可遇不可求，而对于他却是唾手可得。

可见，已日上三竿，红日早已挂天边，殿内依旧不知疲惫歌舞笙箫。宫女排着队为大殿中的香炉添檀香，自昨夜起，大殿之内便是这般寻欢作乐。

这首词中我最爱那句"佳人舞点金钗溜，酒恶时拈花蕊嗅"，不知为何这句诗总是在我耳边徘徊，那情景就好像一幅画，妙不可言，美不胜收。我似乎置身于大殿上，前方是一位身着大红色舞衣的女子，身段婀娜，容颜姣好。舞步已经有些不稳，头上的金钗也已有些倾斜，怕是昨夜饮酒过多，如今仍旧有些醉意。时不时拈起花瓣，想用花的清香唤醒自己有些朦胧的大脑。那姿势我竟不知何种辞藻可以形容，李煜也并未写，或许他明白一切都在不言中。

整阕词描绘的都是一张张动态的图片，每一句话都会印刻在脑海中久久不能忘怀。就好比那句"红锦地衣随步皱"，女子跳着舞，脚下步步生莲，一摇曳一摆动，都是那般轻盈。脚下红色绸缎铺成的地毯，随着她们一步一挪而转动，产生些许皱纹。

这样的描写十分细微，世人多是看见那婀娜的舞步，或是那女子如春日般温暖的笑容，抑或是那动人的音色。可李后主总是与常人不一样，他所看见的总是那般非比寻常。就好比前一句描绘宫女为香炉添香料一般，没有用鱼贯而入这样的字眼，而是用了一个"次第"。在刘禹锡《秋江晚泊》诗中，有这样一句，"暮霞千万状，宾鸿次第飞"，当真用得妙哉。

傍晚时分，秋天的江边已有些许凉意，天边的晚霞各式各样，好像一幅云中画。江上的鸿在落日余晖中展翅飞去，相比杂乱不同，它们是依次起飞。本是有些哀伤的字眼，可到了"次第"一词，让人不禁有些哑然失笑。可见这样的字眼，不需去描绘数量之多，亦不需言及如何飞去。便是这般，"次第飞"。

"别殿遥闻箫鼓奏。"这句也甚是有趣，他说，我这儿歌舞笙箫无休无止，从前一夜即兴至了如今，可你听，其他的大殿也有箫鼓声呢。王勃曾在《春思赋》中写有："洛阳宫城纷合沓，离房别殿花周匝。"如此可见，这其中的意味。

在《五国故事》中，提及李煜时曾说："尝于宫中以销金罗幕其壁，以白银钉瑇瑁而押之。又以绿钢刷隔眼，糊以红罗，种梅花于其外。又以花间设画小本亭子，才容二人。煜与爱姬周氏对酌于其中，如是数处。"

前面多描绘的宫廷中的奢华，在词中早已或直接或间接地表达了出来。络绎不绝的宫女，又有红锦地衣，还有这歌舞本身。当真是富贵的逍遥王爷可享受的乐趣，而李煜想来也是乐得自在，乐在其中。

陶谷在《清异录》中记载道："李后主每春盛时，梁栋窗壁柱拱阶砌，并作隔筒密插杂花，榜曰锦洞天。"也是讲述李后主繁华的宫廷生活。

不得不说，这首词十分朗朗上口，虽然说内容并没有太多的深意，却依旧是一阕好词。这是艺术领域不可缺少的佳作，也是李煜更适合做一个有钱而无权之人的原意，他总能观察到那些常人所不能发觉的艺术，而他的描述又是那般新颖细腻。一句"红日已高三丈透"，便已将时间阐明，方式却是与众不同的。一个透字便将这句话活了过来，在我的眼前展开一卷画，活灵活现。

清代贺裳曾在《皱水轩词筌》中说："写景文工者，如尹鹗'近日醉寻春，归来月满身'，李重光'酒恶时拈花蕊嗅'……入神之句。"又有沈雄言："李后主用仄韵，'红日已高三丈透……'，固是绝唱。"可在我眼中，这首词每一句，都带有诗情画意，句句皆是推敲的结果。

同样是歌舞，晏几道写下的是，"舞低杨柳楼心月，歌尽桃花扇底风"。相比李煜笔下的情景，这句更为清秀，委婉；多几分雅致，少几分艳丽。这便也是李煜的特色，李煜的词多属于花间。而花间词虽是属于婉约词，却又不同。

就好比温庭筠有一首《菩萨蛮》中写道："水晶帘里玻璃枕，暖香惹梦鸳鸯锦。"一句诗中便出现了水晶、玻璃枕、鸳鸯锦，这几类事物便是多一些浮艳，少一些含蓄。李煜前期描写宫廷里的纵情歌舞、吟诗作赋，又或是谈情说爱居多，而这类尤其是属于典型的花间词。尤为出名的便是那句，"烂嚼红茸，笑向檀郎唾"。

相较李从嘉与李煜这两个名字，我更喜欢前者。或许是因为从嘉显得更为节俭，这便也是为何这一章，我用李煜而非李从嘉。总觉得似乎这样享受宫廷富贵的李后主，更适合唤作李煜；而站在江边怡然自得的少年郎，更适合唤作李从嘉。

他的人生充满坎坷、忐忑，作为一位风流才子，能与他相媲美的怕也只有宋徽宗赵佶了。皇帝是他的职业，文学艺术是他的副业，却是他的真爱。

第三节　归时休放烛花红，待踏马蹄清夜月

《木兰花》

晚妆初了明肌雪，春殿嫔娥鱼贯列。笙箫吹断水云间，重按霓裳歌遍彻。

临春谁更飘香屑，醉拍阑干情味切。归时休放烛花红，待踏马蹄清夜月。

华清池边初遇，耳边萦绕着那动人的旋律，这首曲子从此成了传奇，也代表了两段旷古爱情。《霓裳羽衣曲》的来源有多种猜测，或许它的出处早已无人可判定，只是它的梦幻却是真实的。那年唐玄宗弹奏着霓裳曲邂逅了杨玉环，只是四目相望一眼，一生便从此梦魂缠绕，再也无法忘怀。

贵妃与玄宗的故事从霓裳曲开始，到马嵬坡终止。经历了"一骑红尘妃子笑，无人知是荔枝来"的恩宠，经历了华清池赐浴，经历了耳鬓厮磨，最终却是马嵬坡下葬红颜。

那年的玉环与三郎，应是郎才女貌天作之合，应是爱至深至切，可终究逃不过分别的命运，逃不过这一世的纠缠。而李后主与大周后的故事，又与之何其相似也。

自古英雄难过美人关，同样自古权贵无择偶权。这也便是古人云：父母之命，媒妁之言。李煜的第一任太子妃便是父亲李璟为他选择的，在当时不过是权贵联姻。谁料，周娥皇与李煜却是一见倾心，非但没有半点儿不情愿，反而如胶似漆，好像天地一双璧人。

那位被世人称为陌上公子的纳兰曾赋词说："蓦地一相逢，心事眼波难定。"有些人只消见上一面，便深入骨髓，刻上心头。大周后是李煜的第一任王妃，也是后来的昭惠皇后。大周后小名娥皇，通史书，善音律，尤工琵琶，可谓是一位才华横溢的女子。

那份《霓裳羽衣曲》在马嵬坡下成了残卷，李煜偶然得之，再与娥皇一起将其补齐。这首词中的"重按霓裳歌遍彻"，提及的便是这首千古绝唱，之所以称为绝唱是因为再也无缘听此曲，宋入金陵时，李煜将之焚毁了。

李煜是一位风流公子，他爱上的第一人是大周后，不仅因为她的美貌，更因她是他这一生唯一的知己。后宫三千，却独宠娥皇一人。后世许多人责怪李煜薄情，在大周后病危时与小周后风花雪月，可我知他最爱的还是大周后。美人不难得，可红颜知己却是这世间罕有的遇见。古便有伯牙钟子期的高山流水，那份欣赏与懂得有些人一辈子也不会遇见，所以钟子期去世之后伯牙便觉再无人能欣赏他的乐曲，从此留下了著名的伯牙绝弦的典故。由此可见，知己难得，红颜知己更难得，这首词便是一个见证。

李煜前期的词多是描绘宫中的奢华，以及自己笙箫歌舞的壮阔情景。可不论笔下写的是怎样一番情景，他的词总是句句充满着柔情，纵使跨越千百年，字里行间都能体会到那份温柔。

"晚妆初了明肌雪，春殿嫔娥鱼贯列。"将宫廷里那些歌舞笙箫的宫女的妆容美貌以及宴席的盛大表现得淋漓尽致。上一首《浣溪沙》写着"金炉次第添香兽"，这一首便是"春殿嫔娥鱼贯列"。放眼望去便可见，刚刚画好盛妆的宫女鱼贯而入，各个妆容精致，甩着手中的长袖，嘴边挂着淡淡的微笑，好一番盛景。

"笙箫吹断水云间，重按霓裳歌遍彻。""吹断"与"重按"两词，将李煜的放任与奢靡极尽描摹。笙箫之声响破天际，将天水一线吹断，一遍又一遍弹奏霓裳曲，让这音弦在宫中每个角落萦绕不断。闭眼便好像可见，李煜演奏霓裳曲，而娥皇翩翩起舞跳起那霓裳舞。那一刻的翩若惊鸿，婉若游龙，让人如痴如醉，渐渐地，竟有些不愿苏醒。

李后主会制香，在《香谱》中有记载："李后主自制帐中香，以丁香沉香及檀麝各一两，甲香一两，皆细研成屑，取鹅梨汁蒸干焚之，芬郁满室。"李煜对香有着独特的喜好，同时又爱自制香，其中最爱用的一味原料便是蔷薇水，所谓蔷薇水实则是来源于阿拉伯的玫瑰香水。李煜爱的香味多是偏浓郁的花香，这也正验证了他极尽奢侈的宫廷生活。

"临春谁更飘香屑，醉拍阑干情味切。"便提及了香，暗香随风四处飘散，早已喝醉的李煜嗅着香味将醉意加重，不知不觉竟有些乐开怀，索性便耍起了酒劲，拍着阑干仰天大笑，一时间有些忘我。李煜在内心是一个狂傲的诗人，他爱的便是那些文字那些音律，从来不是舞刀弄枪，也从来不是政治与权贵。醉酒之后的他除却迷人之外，还有些俏皮。

曲终人散，一夜笙歌终是结束，带着些许醉意踏上归途，可月色如此美，不要让烛光摧毁了这一刻的美好与清净。静静听着马蹄声，抬头望着明亮的月光，嘴角便不自觉地上扬，美景如斯，美人在怀，却又有何忧愁？这便是整首词的点睛之句："归时休放烛花红，待踏马蹄清夜月。"而这一句中，我又最是喜爱那句"待踏马蹄清夜月"，"踏马蹄"三个字让我恍惚间听见"嘚嘚"的马蹄声，以及清冷的夜月下那骏马飞驰的情景。

按理说文人写及月光的清冷，皆会有些伤感与忧愁，可在这首词中却丝毫没有那种忧伤，反而洋溢着欣喜与痴狂。这或许就是李煜的与众不同之处，他总是不走寻常路。

穿越千年，我似乎又看见那夜伫立在众多宫女之中裙袂飞舞的娥皇，她的一颦一笑让人沉醉迷恋，让我不禁痴想李后主的那首霓裳曲若是能流传至今该是多好。那夜，月下踏马蹄而归的李煜与娥皇，带着丝丝醉意手指着空中的星辰诉说着一些我所不知的耳语。可我却见娥皇羞红的双颊，一双眼深情地凝望着李后主，用袖遮住含笑的朱唇，那模样在我心中久久难以抹去。

　　若是有来世，不知三郎是否还会抛下玉环，不知李煜是否还会舍弃娥皇。历史的长河带给我们许多悲欢离合的爱情，有些让人泪崩，有些让人喜笑颜开，而有些让人肝肠寸断。

第四节　烂嚼红茸，笑向檀郎唾

《一斛珠》

晓妆初过，沉檀轻注些儿个。向人微露丁香颗。一曲清歌，暂引樱桃破。

罗袖裛残殷色可，杯深旋被香醪涴。绣床斜凭娇无那。烂嚼红茸，笑向檀郎唾。

"玲珑骰子安红豆，入骨相思知不知。"一旦那个人入了你的心，不论时光如何变，他都成了心中抹不去的影子。历史长河中有太多悲伤故事，总会让人在无人的黑夜里想起，想起千百年前的他们。

李清照终究未能等到赵明诚，林黛玉仍是飞蛾投火葬了花，崔护爱慕的女子还是嫁作他人妇，陆游与唐婉海誓山盟却未能白头偕老。想起这些，难免令人眼里不知不觉泪光闪烁，心里也不由得有些闷。

爱情里有苦自然也有甜，就好比"身无彩凤双飞翼，心有灵犀一点通"。诗句虽是描绘离别之后的回味，却也不乏苦中带甜。好一句"心有灵犀一点通"，将恋人之间的亲密无间、相思之感用了如此简单的言语描绘。望向空中的那轮月光，不禁想起恋人的面庞，那秋水明眸、似月弯眉，一颦一笑都似暖春里的风，带着甜蜜的气息，幻想着此时身处异地的情人也正望着同一轮月光思念着自己。那份心意相通，那份心灵的羁绊便是如此之深，而这句最是深情。只是李煜的描绘比这直白，也比这露骨。

古人总是在感怀悲伤的时候才会撰写诗赋，快乐美满的时光似乎都被他们悄悄藏在自己的心里，不愿诉说。李煜是另类的，他不同于大部分的诗人，于是就有了这关于闺房之乐的词。黛眉远山、眼若秋水、肤如凝脂这便是指大周后，再加上曼妙的舞姿，贤惠端正的姿态，当真是倾国倾城。

这阕《一斛珠》中，最有名的当属那句"烂嚼红茸，笑向檀郎唾"。娥皇给人的形象总是端庄贤淑，才华横溢，但这俏皮的模样却只有李煜才得以见到。据清代毛先舒的《填词名解》，"一斛珠"这个词牌名来源于唐玄宗与梅妃。

唤李隆基"三郎"的除却玉环便是梅妃，梅妃本名江采萍，同样是一个多才多艺的女子，可谓是才貌双全。杨贵妃的出现将玄宗对她的宠爱生生夺去，留下她一人在偌大的宫殿里吟诗作赋，盼望着三郎能来看她一眼。可惜她的三郎并不只是她一人的，而玉环是个醋坛子，她的眼里容不下一颗沙，而梅妃便也成了玉环的眼中钉。

那年梅妃写诗寄情于玄宗，没能得到回应。直到有一日，玄宗想起这位许久未能再见的爱妃，便将外国使臣进贡的一斛珠送予梅妃。郎未来，光要这宝珠又有何用？梅妃拒不接受，并赋诗一首《谢赐珍珠》。

"桂叶双眉久不描，残妆和泪污红绡。长门自是无梳洗，何必珍珠慰寂寥。"

古代男子为女子画眉、绾青丝是恩爱时的一种表示。如今，无人画眉，红妆又为谁而补，翩翩起舞又有谁来看，如果你不能来，又何必用珍珠来宽慰我的孤寂。这是梅妃心中的苦闷，她想要的爱回不来了，她也不再试探与追索，而玄宗得诗之后，便为此诗谱了一曲子，名曰《一斛珠》。

说起帝王家的爱情，那句"娶妻当娶阴丽华"，当真是一句很美的情话。总有人说，刘秀不够爱阴丽华，不然为何娶了郭圣通，其实非也。生在帝王家本就不该去追求一心一意，更何况，刘秀并未负阴丽华。李后主也一样，他的字里行间满满地写着对大周后的爱恋，将他们的生活点点滴滴都记录在案，他是爱她的，即便他后来迎娶了小周后。

清晨，当第一缕阳光透进房间，李煜睡眼惺忪看见的便是正在梳洗上妆的娥皇。金色的阳光洒在娥皇如瀑的秀发上，熠熠发光煞是好看，他情不自禁地撑着半边身子呆呆地看着妻子。娥皇将秀发盘好，插上一金步摇，又在眉端和口唇上点上一点儿沉檀。恰好通过镜子瞅见李煜柔情的双眸，娥皇回眸一笑，唱着歌儿走到李煜身边。

这便是上阕："晓妆初过，沉檀轻注些儿个。向人微露丁香颗。一曲清歌，暂引樱桃破。"

白居易曾写道："樱桃樊素口，杨柳小蛮腰"。将女子的口形容为樱桃，将女子的腰形容为杨柳，不得不说这样的女子很美。同样，韩偓也曾写道："着词但见樱桃破，飞盏遥闻豆蔻香。"这句中的"着词但见樱桃破"与李煜的"一曲清歌，暂引樱桃破"，十分相似，却又不同。李煜用了一个"引"字，而这个字当真是妙哉。"着词但见樱桃破"这句虽说也用了一个"破"字，但却缺失了一份动作，那便是"引"。唱歌时微微张口的唇，变换为歌引口破，便好像是歌曲在前方牵引着你，让你忍不住开口，这便是那份不同之处，也是点睛之笔。

下阕"罗袖裛残殷色可，杯深旋被香醪涴。绣床斜凭娇无那。烂嚼红茸，笑向檀郎唾"。主要描绘了女子与情郎调情的场面，也正是娥皇与李煜的谈情说爱的场景。酒樽里盛满了清亮的酒，气味十分香甜，娥皇忍不住便多喝了些。甚至在欢快时，不慎将酒洒在了罗衫之上，嘴上还呼喊着要将容器从杯子更换为碗，似乎想要酣畅淋漓地喝上一场。这时的娥皇是有些活泼豪放的，不是拘谨而温文尔雅的，反而更显得妩媚动人。

酒入口不禁有些晕眩，怕是有些贪杯，忍不住靠在床边，娇笑着唤李煜。却仍觉不够尽兴，于是将嚼烂的红茸吐向情郎，而后又是一阵娇笑。

李煜将闺房中与众不同的娥皇用墨汁展现在纸上，想必他写词时，嘴角应该是泛着微笑的。谁人见这样的妻子能不幸福？这也正是李煜的不同，别人不敢写的，他要写；别人不写的，他也要写。他便是如此简单的一位诗人，他将文人的随性发挥得淋漓尽致，他只写他想写的，那便是用纸笔记录生活的每一刻，不论开心还是难过。

这首词也让娥皇与李煜的爱情跃然纸上，也成为他们恩爱的见证。夫妻之间的那份亲密，那份娇媚，那份洒脱，娥皇将最真实的自己展现在李煜面前，也将自己爱他的心展现在他面前，或许这便是爱情最美好的模样。

闺中诗还有一首脍炙人口的便是张籍的弟子朱庆馀的《闺意献张水部》，"洞房昨夜停红烛，待晓堂前拜舅姑。妆罢低声问夫婿，画眉深浅入时无？"

这一首虽是闺中诗，却非常隐晦，只是在妆毕之后才低声问夫婿，自己的眉画得可还合适？诗中的女子带着一丝娇羞与温婉，却不像李煜笔下的娥皇那般洒脱，那般娇媚。这也是李煜的不同，虽然他前期的诗词多半没有太多隐晦的含义，不像大部分诗人写诗有暗喻，但却记录着他最真实的生活。

写诗作赋的初衷有许多，有的是为了宣泄自己的情绪，有的是为了表达自己某一种愿望与不满，有的就好像书信，有的则只是简单地记载所发生的故事。而李煜的这首词便是最后一种，所以并不需要去研究词背后是否有隐晦，是否有暗意，他只是简单地描绘着他与娥皇的故事。

李煜与娥皇的爱情伴着李煜走过他最快乐的那些年，同时也迎来了李煜人生的转折。如果说，李煜的前期都是快乐与享乐，那么从娥皇生病开始，他便再也没有了从前的快乐，也不再是从前那个一味享受的皇帝。他的一生便是与娥皇的羁绊，而娥皇是他唯一的知己，也是他唯一的娥皇。她在李煜心中的地位是无法撼动的，时间都无法让他遗忘。

第五节　寻春须是先春早，看花莫待花枝老

《子夜歌》

寻春须是先春早，看花莫待花枝老。缥色玉柔擎，醁浮盏面清。

何妨频笑粲，禁苑春归晚。同醉与闲评，诗随羯鼓成。

春是万物复苏的时节，那里有姹紫嫣红的繁盛，那里有暖洋洋的春风，那里也是新一年的开始。踏春便是去寻春，每一个诗人都不愿错过春天，就好像每一个诗人都不愿错过秋天的萧索一般，李煜也不例外。

只是李煜从不走寻常路，他便是如此，说他不同，他则处处不同。他的春景并不是华丽而繁荣，也不是如他人一般将春天赋予别样的意义。他的春景很简单，又或者说这首词中他根本没有描绘春天，甚至没有用一个词来形容春的样貌。可恰恰是这样，让人不禁对他所见的春有了无限的遐

想，无限的憧憬。

李煜虽生于皇宫，可他却不喜欢尔虞我诈，他喜欢简单明了，这首词也正描绘了他所追求的简单生活。

春天是相遇的季节，不知多少人在春相遇而又在秋分别。崔护桃花树下的初见是那般梦幻那般迷人，虽然结局不尽如人意。

"去年今日此门中，人面桃花相映红。人面不知何处去，桃花依旧笑春风。"这首词美就美在这个凄凉的爱情故事，让人铭记的也正是这段让人神往而又惋惜的遇见。崔护与那位山中姑娘便是如此，只换来今生的一次擦肩而过，只是这一相遇让崔护记挂了一辈子。那年的桃花雨成了独有的记忆，伊人却早已没有了踪影。正如王维所写的，"红豆生南国"，而后"此物最相思"。

不知那位姑娘嫁作他人妇之后是否还会忆起那日桃花如雨一般纷飞时，站在门外的那位书生。崔护的诗作似乎只有这首广为流传，也只有这段情最让人难以忘怀。只见微风起，粉色的桃花片片飞舞在空中，向着看不见的地方飘去。

对于春，不同人有着不同的描述。同样是写春雨，有的是"天街小雨润如酥，草色遥看近却无"的春雨绵绵，有的则想起了清明节"清明时节雨纷纷，路上行人欲断魂"的悲切。春景写的最美最有深意当属张若虚的那首《春江花月夜》。

有人说，诗名便是一首诗，五个字便将一切美景包含而入。传闻最初用这个名字的是陈叔宝，只是诗句早已失传，无人知晓他写的是什么。隋炀帝也曾写过两首《春江花月夜》，却是宫体诗。

只有张若虚写下的诗作才能与此题相并，全诗几乎每一句都是经典，每一句都是一个景。而汇成一首诗却是一个故事，故事里有着不同的画面与情思，竟让人选不出最美的一句。如今，春夜里望向那轮明月，仍会不由自主地想起那年站在江边泼墨写下这篇诗作的人。不知他的心中存了多少美到极致的景色，能让他笔下的景色如此不同，甚至千百年后的今天依旧无可替代者。

相比而言李煜的这首《子夜歌》，显得十分朴素，他没有抒写春的美，而是说"寻春须是先春早，看花莫待花枝老"，寻春赏花不要错过了时节，不要辜负了春的一番美意，不要待到一切即将结束再去踏青。这是他前期的词，这时他依然沉浸在自己的花花世界之中，好像一个不识愁滋味的少年，寻春便也只为寻春。

杜秋娘也曾写道："花开堪折直须折，莫待无花空折枝。"只不过她并不是简单的寻春，而是劝人惜时，珍惜当下，莫要等到一切成为往事再去后悔，简而言之便是莫辜负了好时光。时光冉冉，年华易老岁月飞逝，当花已败，当春已不再，当青春已逝，再去寻找追求岂不是浪费了人生嘉年华？

既然已外出踏青，又怎么能没有美人与美酒？酒应盈樽，美人玉手擎起，美酒配美人这才是李煜。美人美酒美景才是人生，对他来说这三者缺一不可，于是便有了后一句"缥色玉柔擎，醅浮盏面清"。

同样是说女子的手，李白在《子夜四时歌》的春歌中写道："素手青条上，红妆白日鲜。"这与李煜的"缥色玉柔擎"是不同的，虽然都是描绘女子的手。李白的是"素手"，而李煜则用了"玉柔"。玉本就是温润的，而柔则让人感到十分柔和，二字合起来，便让人想到了一双纤纤玉手。皮肤白皙如白玉一般无瑕，而又加上柔软，便让眼前的这双手活了起来，却不似"素手"那般静止与朴素。这也是李煜的特色之一，他笔下的酒是用"缥色"这般的词汇来形容，并不常用酒这样的字眼，反而将词描述得十分形象而又优美。

下阕写道："何妨频笑粲，禁苑春归晚。同醉与闲评，诗随羯鼓成。"李煜是个性情中人，想笑则笑毫无顾虑，想弹唱便摆上琴毫不犹豫。也正是他这样的性格才有了这首词，"诗随羯鼓成"。

说起醉后写诗，此中第一人定是李白。杜甫曾写道："李白斗酒诗百篇。"虽然可能有些夸张的成分，但不得不说，李白的诗多是离不开酒的。"酒入愁肠愁更愁，抽刀断水水更流。""举杯邀明月，对影成三人。"……而古时的诗词名句也是离不开酒的，酒似乎代表了他们的一份愁，或者是与恋人的分散，或者是仕途的不顺，或者是生活的苦恼，又或者只是为了忧愁而忧愁，当然也包括李煜这样享受生活的酒。

这首词，可以说并没有太多特殊的含义，仅仅就是字面上的寻春看花，喝酒闲聊，吟诗作赋而已。也正是如此，当真体现出了李煜对于皇位对于政治的无所谓，不论后人如何批判他，他都是无辜的，他本就是一个风流公子，只想沉醉在这些花花草草的享乐之中。一切都是形势所迫，被逼无奈登上皇位。这首词也是他前期简单快乐生活的写照，没有纷纷扰扰的烦恼，没有亡国的悲切，没有丧妻的孤苦，没有被囚禁的孤寂，也没有思念弟弟的那般殷切，是他一生中最快乐的时光。

第六节　秋风多，雨相和

《长相思》

云一绢，玉一梭，淡淡衫儿薄薄罗，轻颦双黛螺。

秋风多，雨相和，帘外芭蕉三两窠，夜长人奈何！

萧索的秋天里，恰逢一个风雨交加的夜晚，这样的情景太适合思念远在天边的人。而闺怨思念的诗词也是历代文人墨客最爱写的，寓情于景、借景生情等等起因太多太多。"秋""风""雨""芭蕉"等似乎总是与愁思密不可分，又或是这样的情景特别容易让人触景生情，却也恰好留下了无数的故事与优美的诗篇给后人。

这首词属于李煜前期的作品，具体年月早已无从知晓。女子的思绪总是容易被带动，一句诗词，一曲音律，哪怕是一颗红豆，都能让人起相思意。这一夜，秋雨绵绵不绝，寒冷、潮湿与孤寂让人深陷其中无法自拔。

李煜在回廊里散步，欣赏这秋夜里的宁静，抬眼恰巧看见一名宫女皱着眉头望向窗外的雨。似乎穿越至那个夜里，看见宫女借着微弱的烛光，盯着一颗红豆，一颗早已变质的红豆。眼边不禁落下两行清泪，嘴边悠悠地叹了一口气。而后她用衣袖擦了擦眼角与面庞，又用一条丝绢将那颗红豆细心地包裹起来，放进一个红色的小匣子里。不知女子思念的是何人，也不知这人身处何地，也不知他是否值得宫女如此牵挂。可却不难发现，宫女对他的思念如洪水般滔滔不绝，又是那般小心翼翼，将他留给自己唯一的红豆小心珍藏，即使它早已变质，仍不忍将其丢弃。

　　词的上半部分主要描绘了女子的头饰、发饰、穿着，"云一緺，玉一梭，淡淡衫儿薄薄罗，轻颦双黛螺"。只是一句简单的描述，却让宫女显得气质非凡，也将女子心中的愁在最后那句"轻颦双黛螺"处点出。李煜这句写得最妙，便是如此，没有去描绘女子的动作，只是淡淡地阐述着女子的着装。

　　"淡淡衫儿薄薄罗"，李煜没有用华丽的辞藻去形容女子的着装，只是用了"淡淡""薄薄"两个叠词来形容。这是一种相当别具一格的用法，一般很少将两个叠词放在一句，而这两个叠词又是这样简单的两个词。不禁让人眼前一亮，十分清新脱俗。而女子的着装也是这般感觉，一件颜色淡雅款式简约的单薄衣衫，让女子在这有些寒意的秋夜里，显得更加单薄与孤寂。而"轻颦双黛螺"，这一句没有用一个"愁"字，却不难看出女子是忧愁的，不然为何眉头紧锁？"双黛螺"这个描述十分形象，女子原本两条月牙弯眉变为"双黛螺"，可想而知，她心中的愁是在心间在眉头的。

上一阕并没有描绘外面的景色，也没有点明时节，只觉女子愁。下半部分"秋风多，雨相和"，便将秋天风雨交加的情景点出，使得整首词的情绪又加入了一丝愁绪与一丝孤寂。"帘外芭蕉三两窠"，芭蕉本就是一种相思之物，而又只有三两窠。将树木写得如此之少，不禁又为全词增加一点儿寂寞孤独。这让形单影只的感觉油然而生，让宫女的愁绪更加深切，或许就是这样的秋雨才让她有了思念。而最后一句"夜长人奈何"，夜长梦多的孤寂又能如何？不能如何，所以面对这奔腾而来的思念只剩下了孤寂与无奈，正是验证那句"此情无计可消除"，这些愁绪并没有办法消除。

万俟咏也写过一首《长相思》："一声声，一更更，窗外芭蕉窗里灯，此时无限情。梦难成，恨难平，不道愁人不喜听，空阶滴到明。"其中也提及了芭蕉，而又从"一声声""一更更""空阶滴到明"可知，又是一个雨夜。雨夜总是给人无限遐想的空间，而那些惆怅的情绪也总是在雨夜里侵蚀入骨，让人一夜无眠。万俟咏这首词最形象的便是对雨的描绘，虽然全词对于雨一字未提，却句句是雨。这与李煜这首《长相思》一样，对于"愁"字只字未提，却句句都不难看出这是一位陷入愁思之中的女子。

这便是李煜最妙的地方，他总能做到对一份情、一件物品或是一件事只字不提，却全篇都让你感到那份情，看到那件事。让读词的人，在他的文字里辗转，在他的文字里领悟他的情，他的意境。

秋天是最孤寂的，而人心中的寂寥无法排遣，常是登高望远，翘首以盼，又或者倚窗发呆。再通过明月、清酒、红豆等抒发自己心中的思念与愁绪。李清照的那首《行香子》便是如此："天与秋光，转转情伤，探金英知近重阳。薄衣初试，绿蚁新尝，渐一番风，一番雨，一番凉。黄昏院落，凄凄惶惶，酒醒时往事愁肠。那堪永夜，明月空床。闻砧声捣，蛩声细，漏声长。"

在秋天一个又是刮风又是下雨的黄昏，感到身上丝丝凉意，心中凄凄惶惶，只好饮酒化愁。到了深夜，雨早已停了，一轮明月挂在夜空，对着那张无人的床，空留一声叹息。易安这首词几乎将闺怨女子所需要的氛围与事物全部凑齐，甚至连捣衣砧都没有落下。

而捣衣砧这件普通的物品，总是在闺思诗词中发挥着它的力量，就好像红豆一样，它代表着相思。不论是《春江花月夜》的"捣衣砧上拂还来"，又或是易安这首词中的"闻砧声捣，蛩声细，漏声长"，都用它代表了那份相思，那份深夜里无法消除的忧愁，那份压抑在心中久久不能散去的孤寂。

古人当真很有趣，他们词中总会出现一些偶然的相似，只是每一位词人都有着不同的描绘与不同的手法。李清照的《行香子》中的秋雨与李煜这首《长相思》中的秋雨是有区别的，李煜写到"秋风多，雨相和"，虽是风雨交加却显得格外的柔和，这便是李煜独有的气息与韵味，明明是一个寒冷而又十分恶劣的天气，在他的笔下却始终那么柔和。而在李清照这首中，却是"渐一番风，一番雨，一番凉"。简单直白明了，却从语气中都能知道她心中的那份寒冷与凉意，还有那份风雨里的悲伤。

李煜的词总是带着一份温柔的气息，就好像暖春的风，没有一丝戾气。或许他本就是一个温柔的男子，带着那种儒雅的气息，浑身散发着一种柔和的气息。词没有谁的最好，只有谁的更有意境，更符合读者的感觉。就好像这两首词，并不能说谁的好，谁的不好，只是一种情绪的两种表达罢了。

不过说起《长相思》，白居易的那首"汴水流，泗水流，流到瓜洲古渡头。吴山点点愁。思悠悠，恨悠悠，恨到归时方始休。月明人倚楼"，当真是无法遗忘的经典。我第一次念到这首词时，便被深深吸引，从此再也没有忘记。

《长相思》这词牌名本就是寓意着相思。思念的感觉就如流水一般，顺着河道汇进同一条江中，从此这条江又名相思江。若是有一天相思郁积到一定的量，便会崩溃。可想而知，为何总有人思之如狂。白居易的这首词朗朗上口又浅显易懂，而那份悠悠的愁绪又表达得毫不逊色，便使得这首词有了地位。

李煜这阕与白居易的都是愁绪，都是思念，却又不一样，思念的方式不一样，两种意境也是不同的。就好像闺思的诗词那么多，却没有一篇是相同的。

也不知道最后宫女是否再见到了心上人，是否在来年的春天种出了红豆，我期盼她与他拥有一个美满的结局。

第二章

砌下落梅如雪乱，

拂了一身还满

第一节　离恨恰如春草，更行更远还生

《清平乐》

别来春半，触目柔肠断。砌下落梅如雪乱，拂了一身还满。

雁来音信无凭，路遥归梦难成。离恨恰如春草，更行更远还生。

分别后的思念总归是最难熬的，望着与之相关的一切都会情不自禁地想起那个人，内心压抑的思念如山洪暴发，而后便一发不可收拾。思念有时如细水长流一般淡淡地贯穿所有的岁月，有时又如天崩地裂，在一瞬间爆发。这就是思念，一个人对另一个人的思念便是如此，随着时间的流逝越来越深，最后深陷在思念的泥塘中，再也无法自拔。

这首词中表达的思念便是如此，随着思念一点一点加深，最后便成了"更行更远还生"。思念分许多种，有恋人之间的相思，有亲友之间的想念，也有对家乡故国或是某一特殊情景的怀念，不论是哪一种，都是强烈而又真挚的。

公元971年秋，李煜的七弟李从善被派去宋进贡，只是这一走便再也没能回国。李煜曾多次请求宋太祖赵匡胤让从善回国，但都被拒绝。这首词便作于从善入宋的第二年春，除夕已过，可从善仍旧未能归来，让李煜的思念越发浓郁，于是，他将这情藏进墨迹里。

这一年，南唐早已不再算得上是一个王朝，国号被削，李煜也变更为国主。这一年，宫中举办除夕家宴，虽然吃的依旧是山珍海味，宫中依然是歌舞笙箫，角落里燃着的熏香的味道，也仍然是李煜最爱的那一味，可是这座席中的人早已残缺不全，和过往相比，如今的南唐早已物是人非。李煜的父皇李璟、母后钟太后、大周后娥皇、大哥李弘冀早已逝去，而七弟李从善更是被迫留在宋国。想到这儿，李煜不禁有些食不知味，心中充斥着惆怅。

李煜是善良纯真的，他当真只渴望一家人欢聚于一堂，他渴望和平。想起国号被废，弟弟仍然滞留宋国，也不知过得好不好，他的心中越发沉重。那一日，他再也压抑不住心中的愁绪，挥笔写下了这首词。

历史上描写思念的诗词数量庞大，可每位诗人的表达有所不同。韦应物写给密友李儋的诗中便写道："去年花里逢君别，今日花开已一年。世事茫茫难自料，春愁黯黯独成眠。身多疾病思田里，邑有流亡愧俸钱。闻道欲来相问讯，西楼望月几回圆。"

一句"去年花里逢君别，今日花开已一年"不知让多少人落泪。去年的春日里，花开似锦。我与你在花海中相遇相知，如今又一年逝去，仍旧是春意盎然的季节，可你却不知在何方。韦应物的春是姹紫嫣红的，是花香旖旎的，这与李煜的不同。李煜言："别来春半，触目柔肠断。砌下落梅如雪乱，拂了一身还满。"李煜的春天是随风飘落的梅花，春日里的梅花早已不似冬日里的那般坚强，它的生命已到了尽头，开始翩然落下。

上阕词中，李煜开头便直抒胸臆，将自己的忧愁与悲伤在首句便点出——"别来春半，触目柔肠断"。对于这里的"春半"，后人有两种说法，一是说春已过半，二是说李煜与从善已别过半春之久。

在此我更偏向前者，从梅花的花期、春天的时期以及从善入宋的时间来看，应当是春天已过半。而李煜想起与从善已阔别几近半年之久，时光匆匆不留痕迹，一眨眼便是第二年春都已过半，心中便是一阵酸楚。

"春半"在古诗词中的应用十分之多，柳宗元在《柳州三日》中写道："宦情羁思共凄凄，春半如秋意转迷。"此中是"春半如秋意转迷"，春半如秋，即便身旁花团锦簇可对于柳宗元而言便如深秋一般寒冷凄切，让人不寒而栗。同是"春半"，却展现了两种不同的春半，一个春半如秋，另一个春半落梅如雪，最后都用春半表达了自己心中的凄切与悲伤。

"砌下落梅如雪乱，拂了一身还满。"这一句应用寓情于景的手法，在对景色的描绘中加入了自己心中难以排遣的伤感，使得落梅带着些许凄凉之感。落梅如雪乱，花瓣如雪花一般飘在空中，使得一阵悲切涌上心头，无法消除。可李煜觉得这样依旧无法表达自己心中的那份伤，那份痛。于是他说，"拂了一身还满"。可是这梅花，不论如何拂去仍旧落满整件衣裳。就如他心中的愁绪一样，不论如何拂去都无法消除。就好像李清照的那句"才下眉头，却上心头"一般，与李煜后来自己写的那句"剪不断，理还乱"，有异曲同工之处。

下阕"雁来音信无凭，路遥归梦难成。离恨恰如春草，更行更远还生"中直接明了地点出心中悲伤的原因，是"路遥归梦难成"，又将整首词的感情进行了一次升华。

第一句"雁来音信无凭，路遥归梦难成"，大雁在古代多代表着羁旅之情，大雁便是书信的另一种表现形式，就好像易安写的"云中谁寄锦书来，雁字回时月满西楼"。此处李煜写道大雁已飞回只是音讯全无，全然不知从善的近况，而路途遥远，赵匡胤又不愿放行使得归来成了梦，难以实现的梦。

提到大雁不得不说起苏武，他出使匈奴却被扣押致使无法回国。每日望着天边的大雁，它们穿梭在云间，就好像天空只在咫尺之间，可未能将他的念想带回国。故乡与他相距甚远，归期是无期，他之于大汉就好像消失的人一般，甚至连他也不知自己是否还能回国。"云边雁断胡天月，陇上羊归塞草烟。"这便是温庭筠对此的描绘。心中那份绝望，那份毫无期限的等待让人心焦害怕，而李煜也是这样。大雁依旧遨游在天际，只是带不回从善的消息也带不回从善，而这份等待是遥遥无期的。

"离恨恰如春草，更行更远还生。"清代谭献在书中曾写道："泪眼问花花不语，乱红飞过秋千去。"与此同妙。确实，李煜全词的点睛之笔便是这句。若说"砌下落梅如雪乱，拂了一身还满。是在意境上描绘得最妙的，那么最后这句则是将愁思描绘得最妙的。谁人都知春草是"离离原上草，一岁一枯荣。野火烧不尽，春风吹又生"。它便是这样无边无际地生长，野火烧不尽，永远没有消除的那一日。这也是这句最妙的地方，将离恨比作春草。那该是多么强烈的离恨啊，犹如春草一般无穷无尽而又无法消除。不仅如此，不论人走到哪里，不论人走得多远，这份忧愁总能"更行更远还生"。

"离愁渐远渐无穷，迢迢不断如春水。"这是欧阳修在词中对离愁的描绘，与李煜的这句十分相似。只是李煜说离恨似春草，欧阳修说离恨似春水。春草是无法消除的，不论你走到哪里都无法摆脱；而春水则是源远流长的，不论你去往何方都追随着你。这便是这两句词的相似与不同之处，两句的比喻对象不同，却又都具有相似的性质，那便是无论如何这份离愁都是你逃不开的劫难。

"恨如芳草，萋萋划尽还生。"秦观这句与李煜这句如出一辙，只是论那份愁苦的悠长感，当是李煜那句"离恨恰如春草，更行更远还生"更为妙哉。"更行更远还生"中两个"更"字和一个"还"字，让那份愁绪变得十分悠长而又顽强，就好像你在前方跑，它在后边紧追不舍一般。

李煜的词总是很美很柔也很伤，那些美与伤总是写得那么不同，用的情景也是那般不一样。就好像这首词中的落梅与春草，简单而又普遍的景物，却被李煜写出了别样的风味。只是，直至金陵城被攻破的那一天，李煜也未能见到弟弟从善，也不知从善是否感受到了兄长对他的思念。

第二节　昼雨新愁，百尺虾须在玉钩

《采桑子》

辘轳金井梧桐晚，几树惊秋。昼雨新愁，百尺虾须在玉钩。

琼窗春断双蛾皱，回首边头。欲寄鳞游，九曲寒波不泝流。

这首词依旧是李煜因思念从善而作，在离恨"更行更远还生"之后便是如闺中思妇一般的等待，在梧桐树下，在辘轳金井旁，在深秋里，静静地等待着从善的归来。

林清玄在《人生最美是清欢》中写道诗词下酒时，将不同的诗人与不同的酒相匹配，在提及李煜时，他如是说道："读李后主，要用马祖老酒煮姜汁到出怨苦味时最好。"是啊，李煜的词抛去前期的饮酒作乐，歌舞笙箫，剩下的几乎全是苦涩之作。他并不像纳兰容若那般留下一本《饮水词》，他的诗作并不多，书法绘画作品也一样十分之少，甚至连和大周后一起复原的《霓裳羽衣曲》都已失传。可能是生于乱世的原因，这些诗篇全部消失在马蹄之下。在他硕果仅存的词中，几乎首首词中有经典之句。他的那份伤情传到如今，而他的才华也是至今无人可比拟。在这首《采桑子》中李煜将自己对从善的思念，比作思妇在闺中等待夫君的回来，将那份愁思展现得淋漓尽致。

已是深秋，萧瑟的秋风，冰冷的秋雨，阴沉的天空，使得心中的积郁再一次有了释放的机会。一个人对另一个人的思念，总是随着天气，随着季节而变动。深秋时节的秋风秋雨里，再加上恰巧遇上黄昏时分，站在梧桐树旁的辘轳金井边。光是这些情景便足以让人眉头一蹙，愁一涌而上。

"辘轳金井梧桐晚，几树惊秋。"这一句李煜运用了寓情于景的手法，将这些愁思的代表物，悲伤的代表物放在一句之中，从而将自己心中的那份凄凉孤寂宣泄出来。风一吹，早已泛黄的梧桐叶便随风而落，金井旁便铺满了落叶。又是黄昏时分，放眼望去好像一贵妇斜靠在金井边，淡淡的衣裳上也落上了金黄的梧桐叶，满院都是落叶，好一派萧瑟寂寥之景。

纳兰在《如梦令》中也提及了辘轳金井，"正是辘轳金井，满砌落花红冷。蓦地一相逢，心事眼波难定。谁省，谁省。从此簟纹灯影"。辘轳、金井多与女子秋思有关，它的存在本身就是一种愁。与李煜一样都描绘了辘轳、金井，只是李煜用梧桐表达深秋与惆怅，而纳兰用的则是落红。而后又用上"红""冷"二字，红与冷本就是两种相反的意象，红代表着艳丽红火，而冷则代表了寂寥愁肠。二字一起出现又连上落红，则是让萧索又增添了几分。

关于辘轳、金井、梧桐，还有"梧桐落金井，一叶飞银床"，又有吴均的"玉兰金井牵辘轳"，王昌龄的"金井梧桐秋叶黄"。似乎这金井上的辘轳，金井旁的梧桐如同不可分割的情景。只是李煜这句"辘轳金井梧桐晚，几树惊秋"更为巧妙，而巧则巧在那一个"晚"与"惊"字。李煜的这句中并没有叙述落叶纷飞，也没有砌满的落叶，有的只有事物，而剩下的情景便是由读者自行领悟而出。这便是最巧的，不直言，让你在他的笔墨中自行体悟。

"昼雨新愁，百尺虾须在玉钩。"此句中将愁字点出，也于此正式直抒胸臆。这愁随着这一日绵绵不绝的雨丝而来，表明这愁是，因景而生情，实现了情景交融。

"百尺虾须在玉钩"与下阕的"回首边头"相呼应，让人将视线飘向屋内。"百尺虾须在玉钩"是对挂在门沿上门帘的描绘，也是人从屋内望向屋外时所见到的情景。陆畅的《帘》中则更加详细地描述了门帘，"劳将素手卷虾须，琼室流光更缀珠"。

下阕中的"琼窗"则对应着上阕的"百尺虾须"，起着承上启下的作用。透过琼窗望向远方，期盼着人归来。期盼着期盼着，只是春去秋来，四季又是一轮回，人依旧不见归。与此同时寄出的信件与想念也未得到回馈，不禁苦笑，谁想这年华易逝，还断了联系，女子望向远处的眉头不由地锁紧。这便是"琼窗春断双蛾皱"。

最后一句"欲寄鳞游，九曲寒波不泝流"。其中"鳞游"是指书信，古乐府《饮马长城窟》中记载："客从远方来，遗我双鲤鱼。呼儿烹鲤鱼，中有尺素书。"所以后人以游鱼来代指书信。

想要将自己的思念随着书信一起寄出，可是九曲迂回的弯道，千山万水的阻挠，终究是没能到达你的身边。我对你的思念也就无法传达与你，而你的近况我也无法知晓。就好像被困在牢笼之中，与外界断绝了联系，无法实现互相传达讯息的愿望。留给李煜的便也只有无奈与等待，还有便是祈祷。

"九曲"就好像黄河的九道湾，也似心中曲折的愁绪。卢纶的《边思》中提及，"黄河九曲流，缭绕古边州"。饶是如此，在这深秋的黄昏后，仍旧只能等待，等待从善归来，等待他的书信，等待未知的未来。

"梳洗罢，独倚望江楼。过尽千帆皆不是，斜晖脉脉水悠悠。肠断白蘋洲。"温庭筠的这首《望江南》便是这样的等待。江水滔滔，船只众多，可是我翘首以盼的你不在任何一只船上。江水悠悠，顺流而下，可你在逆流的寒波里回不了家。最后我只能倚在栏杆上望着江面，等待你的归来。无限期地在那里望眼欲穿，无限期地等待。

李煜在词中的心情也是这般，若是可以顺流而下该多好，若是可以归来又该多好。可是现实将人拉回这无助之中，虽说他更多的愁是悲凉，但是自己那份无能为力让他在悲凉之中徒添苦闷。

思念便是如此，越是翘首期盼的等待，越是想念得深切，越是感到现实的残酷。深秋时节，似乎本就是悲伤的季节。若说春天是春意盎然，夏天是热情似火，那么秋天便是悲伤寂寥，冬天则是苦中作乐。弹指一挥间，时光匆匆逝去，那些过往的快乐时光再也回不来。怎料，这时光飞逝，甚至不给人一个喘息的机会，便又是一个轮回。

离别后的日子多是在思念之中度过，待思念熬成灰，心便也为悲切所侵蚀。"别后不知君远近。触目凄凉多少闷。渐行渐远渐无书，水阔鱼沉何处问。夜深风竹敲秋韵。万叶千声皆是恨。故欹单枕梦中寻，梦又不成灯又烬。"

欧阳修的这阕《玉楼春》之中，上阕"别后不知君远近。触目凄凉多少闷。渐行渐远渐无书，水阔鱼沉何处问"便让人感到了那份凄凉。离别之后，不知你在何处，也不知你过得如何。时间渐渐地流逝，如流水一般将人的联络冲淡，最后我们渐行渐远没有了联系，又该向何处去询问你的去向与近况？

李煜与从善也是如此，分别之后便没有了联系，断了交流。不知向何处去寻找从善留下的痕迹，不知向何处去回味过去的时光。流逝的时光带走了许多，只是没能带走李煜对弟弟的思念。当真应了许浑的那句"门外若无南北路，人间应免别离愁"，若真是这般那当真好。许浑当是已对离别感到万分无奈，才会渴望没有不同方向的道路，他想这样便没有了离别，没有了忧愁。

离别是古今难以免除之事，苏东坡早就言及，"人有悲欢离合，月有阴晴圆缺，此事古难全"。天下没有不散的筵席，分别是早晚的事，此事没有两全的方式。离别难免，使得关于分别后的愁思也无法免除。

那一年的秋天，院子里的梧桐叶被秋风吹落满地……

第三节　君驰桧楫情何极，我凭阑干日向西

《送邓王二十弟从益牧宣城》

且维轻舸更迟迟，别酒重倾惜解携。

浩浪侵愁光荡漾，乱山凝恨色高低。

君驰桧楫情何极，我凭阑干日向西。

咫尺烟江几多地，不须怀抱重凄凄。

开宝三年，邓王李从镒出镇宣州，李煜率近臣在绮霞阁为他饯行。李从镒是李煜的弟弟，也是李璟的第八子。李煜虽为君王却仁义而又喜爱和睦，对弟弟们是欢喜而又照顾的。八皇子李从镒出任宣州之时，兄长李煜心中万分不舍，这一别也不知何时能再见，便挥笔写下了这首送别的诗。

离别最难过的便是离别的瞬间，李煜望着从镒离去的背影多么想伸手拉住他的衣襟，多么想让他停下不再离开，于是看到从镒蓦然转身望向他的那一刻，李煜忍不住潸然泪

下。风流才子柳永写下最感人的离别词便如此描绘当时的情景："执手相看泪眼，竟无语凝噎。"那一刻望向彼此，不知该说些什么，可早已泪眼婆娑，眼里写满了不舍。正如江淹所言，"黯然销魂者，唯别而已矣！"

李煜将弟弟从镒送至江边，对于与弟弟的离别他写道："且维轻舸更迟迟，别酒重倾惜解携。""更迟迟""重倾"两个词便不难看出李煜对弟弟的不舍，酒倒满再倒满，一杯接着一杯，渴望船能行得慢些，好能再多看弟弟几眼。李煜写词时总爱用叠词或是"重"等这样的词汇来加重心中的情绪，升华心中的那份悲伤与难过。

第二句"浩浪侵愁光荡漾，乱山凝恨色高低"表面上写的是宣州的江景，可实际上是借景抒情，表达自己心中对于与弟弟离别的愁绪。这也是这首离别诗不同之处，许多诗人写离别时都是愁绪满腔心中难免伤怀，眼下的景色与想到的情景多是悲凉的。比如纳兰容若在《采桑子》中便写道："一别如斯，落尽梨花月又西。"又如刘长卿的"长江一帆远，落日五湖春"。月又西与落日都是一种悲凉的景色，让人总能触景生情，也总是让心中的愁绪挥之不去。

李煜的却又不同，这一句"浩浪侵愁光荡漾，乱山凝恨色高低"中景色虽是悲伤的，既有"愁"又有"恨"，可景色却不似秋日的萧索，也不是落花的伤情，更不及落日的惋惜，风雨里的凄切。江水是波光粼粼，乱山远近高低各不同，江好山也好，甚至形容江水用的都是"浩浪"。可细读却会发现隐藏在字面下的忧愁，"侵"与"凝"这两个字眼将李煜的忧愁表露了出来。愁绪在水波里荡漾，而恨便如这参差不齐的山峰。让这情绪在心中无法消除，对从镒难舍难分，可李煜又自知，这是无法逃离的结果。

颈联写道："君驰桧楫情何极，我凭阑干日向西。"这一句中可知从镒已坐上船向远方驶去。这时，饯行的宴席已经散场，从镒站在船尾与李煜挥手告别，李煜笑着望向弟弟，可扬起的嘴角却尝到了苦涩的味道。船行驶得如此之快，李煜对弟弟的思念与不舍又怎么能追得上？渐渐地，从镒的身影消失在江上，只剩下他依旧摇摆的手，只剩下天水间的那一线。

即使他知道从镒早已看不见他的影子，可他不愿意就此离去。空气中还飘荡着从镒的气息，阁楼上还散落着那些酒杯，他的眼前似乎还是从镒的笑容。他还记得从镒笑起来的模样，弯弯的眉毛，眯起的双眼。他还记得从镒最喜欢他亲手调制的熏香，他记得小时候一起背诗词的画面，他记得从镒……不知不觉之间，已是黄昏，李煜便如此倚在阑干上望向茫茫的江面。

即便日已西斜，李煜仍旧不想离去，可他却又不得不返程。于是他一边安慰自己，一边告诉弟弟，不要太悲伤，这一次的离别不代表再也无法相见。尾联"咫尺烟江几多地，不须怀抱重凄凄"突然话锋一转，将前面的悲伤全部压至心底，继而说道，只不过是咫尺之远，又何必悲伤，既是安慰弟弟也是安慰自己。

李煜还曾作《送邓王二十六弟牧宣城序》予弟弟从镒，二十六弟与前所言二十弟为同一人即李从镒，只是不知何种原因有两种称谓流传于世，所以并不知当时李煜是唤从镒为二十弟还是二十六弟，故都保留。在这篇序中，李煜以兄长的身份劝勉从镒，要勤政爱民，与此同时不要忘记修身进德。最后又提及江南山水之美，如今正值金秋时节，正是游玩赏景的好时候。

这与诗中最后一句便也有所衔接，这就是李煜言及"咫尺烟江几多地，不须怀抱重凄凄"的原因，一方面安慰自己与弟弟距离并不远不要忧伤，另一方面便是希望弟弟能够照顾好那一方百姓。

是啊，何必伤感，金陵与宣州如此之近，想念之时便可乘船踏波而去。于是告诫从镒，不要总是满腔愁绪，要扫去一切愁绪。

整首诗李煜都在讲述与从镒离别之事，从饯行酒一杯又一杯，到最后自我安慰不过咫尺，可知李煜与从镒感情之深。而送别本就是一种煎熬，因为不愿分别，所以才会去送别，可是送别便让人更加难舍难分。晏小山也曾说道："真个别离难，不似相逢好。"寥寥几句便将那份离别的凄切之情说到心坎里，让人不禁一阵唏嘘。

当然，离别有悲伤的不舍，却也有劝勉的，"海内存知己，天涯若比邻"便是如此。王勃这句好像在说，我乃是一仗剑走天涯之人，以天为被，以地为床，如今这一别又有什么好难过的。咫尺天涯反之便是天涯咫尺，江湖之中知己不会少，若是有缘自会相逢，不必为此悲伤。

又或是一种不悲不伤却也不似王勃那般豪情的离别，正如王维那句"劝君更尽一杯酒，西出阳关无故人"，我们就要在此别过，过了关便不再是故乡，这一去定是充斥着陌生，只是别担忧，我们不如就在这一刻多喝上几杯。谁又知道相逢会在哪一年呢？这份感情真挚而又不悲切，让人读着虽有惋惜之情却无难过之感。

抑或是如李白那般，"桃花潭水深千尺，不及汪伦送我情"。不言悲，不言痛，也不说那份不舍或诉说相见何时，他说的是友人对他的那份深情。读之不觉忧愁反而有些欣喜，恐怕也只有李白才能写出这种另类的送别诗。

送别便是如此，有许许多多不同的情绪与表达方式，王勃的悲而不伤，王维的惜而不悲，李白的不悲不伤，而李煜的则是忧愁与慰藉并存。

在从镒转身的瞬间李煜泪流满面，在从镒身后李煜小声地呼唤着从镒的名字，却又不敢再多看他一眼，害怕再看一眼便不愿让他离开。看着从镒踏上兰舟，那一刻李煜便知，今日他望着从镒乘舟而去消失在广阔的江面，以后的岁月他便总会来到这阁楼之上，盼从镒归来的身影，只可惜过尽千帆皆不是。

第四节　留连光景惜朱颜，黄昏独倚阑

《阮郎归·呈郑王十二弟》

东风吹水日衔山，春来长是闲。落花狼藉酒阑珊，笙歌醉梦间。

佩声悄，晚妆残，凭谁整翠鬟？留连光景惜朱颜，黄昏独倚阑。

史册中并没有明确记载李煜这首词所写于何时，也就只能粗略判断这首应是在从善入宋之后而作，只是具体时间则无法判定了。这首词是一首闺怨词，有人觉得这首是李煜在埋怨弟弟从善不回国而选择了投靠宋这件事，只是我更偏向李煜只是依旧在等待，只是等待一个没有归期的人罢了。

闺怨词众多，大部分都是写闺中怨妇的思念、等待、悲切，有的是描绘女子的思念，有的则是描绘词人心中的悲伤，借怨妇来表达心中的情绪。只是不论是哪一种都是带着

忧愁与哀伤的，或是伤怀，这首也不例外。

风将水吹皱，波光粼粼好像有了生机，天边太阳西下，这景色并无太多独特之处，平实而又普通。每日都在山水之间发生着，并不美，也不悲。只是因为闲罢了，女子一日并无事可做，郎君不在身边，连个说话之人都没有，这才会观察起这些细小的景色变化。若说王维的"行到水穷处，坐看云起时"是一份闲适，那么李煜笔下的闺中女子则是一种百无聊赖的闲。

"东风吹水日衔山"这样简单的一句便是一副动态图，"风吹水"与"日衔山"。与冯延巳的那句"风乍起，吹皱一池春水"相似，让人不禁一阵心颤，那份忧愁顿时上眉头入心间。李煜的"风吹水"从意境之上来说比不上冯延巳的，但它简短地描绘出了对应的景色并且与"日衔山"相呼应。

而"日衔山"与李白的那句"青山欲衔半边日"又有着相似的修辞手法，只是意境不同。李煜说的是黄昏时分，夕阳西下，余晖映山之景。李白的却是山衔日，意思是日出之景。虽景色是截然不同，但都是以山与日来描述，修辞相似，只是从描绘上来说李煜这句更胜一筹。

"春来长是闲"中点名时节是春季，可"长是闲"便也将那份无奈与无聊无限地延长与加深。若是一日两日那是一种闲适，而总是闲，便是一份无奈。就好像给女子一个无限期的放逐，将她放在一个无人记起的角落，将她从记忆中淡忘。这才会让女子闲来无事看日升日落，花开花败，潮起潮落，四季反复，云卷云舒。这不禁让我想起"偷得浮生半日闲"的唐代诗人李涉来，他是幸运的，一生忙忙碌碌，那是何其充实？不像这词中的女子，她的内心早就没了渴望与期盼，早就放弃了自己，任风吹乱她的秀发，任时光带走她的光阴与年华。

那年她也是韶韶年华，那年她也是风华正茂，那年她也是豆蔻年华，可如今却是这般醉生梦死，纸醉金迷，夜夜笙歌。年华不再，朱颜已逝，只能是黄昏下独自一人倚靠在栏杆上怀念过往罢了。

词中李煜并没有表达女子的怨恨与愁绪，却在这平淡的描述中让我们看到了绝望与无助。上阕中她的闲暇与酒意阑珊，下阕中她的无所谓与感叹，让人读之无愁却心生愁。若说前几首中是肝肠断寸的思念，是遥遥无期的等待，那这首便是女子被思念吞噬之后的绝望与无助。她的内心没有波澜，没有期望也就没有了念想，所以她才会"晚妆残，凭谁整翠鬟？"

暮去朝来，五彩缤纷的颜色早已淡去，只剩下点点印记。就好像《琵琶行》中的歌女，年华不再便也被人遗忘，最终无奈嫁了个商人，平淡地度过余生，只是那些往事不愿再想起，若是再提起便会泪湿青衫。而李煜词中的女子也是这般，被世界遗忘在过往，而她也失去了希望的光芒。或许这便是李煜自身的写照，从善不归，也不愿归来，让他觉得自己犹如这女子一般被冷落在那里，弟弟已不再忆起他，他们过去美好的点点滴滴都成了曾经，被封存在过往之中。那份感伤那份无奈与绝望，无处可排遣。

这首也算是闺怨词中的另类之作，不谈思之如狂，不谈望眼欲穿，也不谈郎君不归的怨恨……却有着哀莫大于心死的绝望。

若人无情，这世间花好月圆、风景依旧又有何人欣赏？从"平生不会相思，才会相思，便害相思"可知，人的思念便是从此开始，如流水般细水长流。至"相思树底说相思，思郎恨郎郎不知"这一刻的思念已如潮水滚滚而来，恨你念你你却又不知，让人陷入相思之中无法自拔。又至"梳洗罢，独倚望江楼，过尽千帆皆不是"，我念你想你盼你，站在阁楼上日日夜夜地期盼你的归来，一艘船一艘船的观察，生怕错过你的身影，哪怕只是你的一片衣襟，一丝气息。最后便是"留连光景惜朱颜，黄昏独倚阑"，等你想你的岁月早将我熬成灰烬，我的心如一潭死水，没有了期许，唯一的光芒也被掩埋在你的谎言里。我的容颜不再，妆颜也无人看，等你的岁月也在不经意之间过了许多载。

这或许便是女子对一个人思念的波折之路，从最初淡淡的念想到最后黄昏下无助的绝望，而两人的情分也就这般渐渐走到了尽头。分开只是形式上的离别，当女子对男子不再有期许，不再有思念，两人的爱才是真正的分开。可是又是谁如此狠心地将女子抛在流光里？

女子从情窦初开恋上男子到与男子相忘于江湖，她的这份爱也早已将她折磨得物是人非。若是如当时只道是寻常，能重回从前不知女子是否还会义无反顾地爱上他，又是否会放他离去？

　　也不知从善是否还记得年少的时光，是否会在夜深人静之时怀念故乡的云、想念故乡的人，又是否会感应到李煜对他的思念。

　　春天的御花园已是姹紫嫣红，花开似锦，蝴蝶在花丛中飞舞，还有蜜蜂穿梭在其中。园中还有两个少年，他们在阳光下嬉戏，在春风里开怀大笑。只是一转眼的瞬间，两名孩童已成为两位衣袂飘飘的少年。他们站在长亭里指向空中的雄鹰，谈着诗词歌赋，说着儿时的情景。可是最后一睁眼，才发觉一切都是梦，而如今梦醒了。花园里的花早已不如当年那般繁茂，蝴蝶亦不如当年绚烂，恐怕是心变了，因为如今两名少年只剩下一位。背影也不再挺拔而是多了些落寞，再好的春色也提不起他的兴趣。

　　李煜便是那孤独的少年，从前的美好成了过眼云烟，对弟弟的思念也渐渐化为了无奈与无助。最悲伤的不是号啕大哭，而是心中悲之切却落不下一滴泪，心如死灰一般没有丝毫波澜。这也便是这首词的情感，女子任由一切随意发展，不整理妆容也不在乎湖光山色之美。她的心早已干涸，连泪都不再有，只剩下对这世间有些漠然的一瞥。

　　这或许便是哀莫大于心死，此时李煜前后已经历了儿子

夭折，大周后逝去，母后薨，削去国号的悲切，而如今弟弟
也不再归来。他就好像被世间抛弃之人，才有了这般心境，
如今的李煜终不似当年少年郎。

第三章

梦回芳草思依依，

天远雁声稀

第一节　细雨霏微，不放双眉时暂开

《采桑子》

亭前春逐红英尽，舞态徘徊。细雨霏微，不放双眉时暂开。

绿窗冷静芳音断，香印成灰。可奈情怀，欲睡朦胧入梦来。

梅子时节窗外总是细雨霏霏，那雨又如情丝一般缠绵不绝。晚春时节绵绵不绝的小雨让女子本明镜一样的心变得阴沉而黯淡，双眉紧锁，嘴角藏着一丝愁绪，依靠在窗台上，忧伤地望向远方。女子突然心念一动，便起身去了亭子里。谁知瞧见本是满园春色藏不住，本是姹紫嫣红，本是百花齐放的时节，如今竟到了落花时分。

亭子里的花瓣都已坠落而下，原本灿烂明艳的色彩变得泥泞不堪，早已不再有过往的娇艳。花开花败本是寻常之事，可又有谁愿意春的脚步停下，谁又不想将花的灿烂变成永恒呢？于是女子黯然神伤，冒雨走到庭院里，拾起一朵落地的残花，轻轻地抚摸着它的伤痕，眼里竟落下一颗晶莹剔透的泪珠。

他离开这里已是有些年月了吧，是一年还是两年，竟有些不能记忆了。只记得春去秋来，也不知这是第几轮的花开花落，女子在这漫长的等待里早已将思念熬成灰。那颗他留给她的红豆种在庭院里，只是，为何始终不见它生根发芽？是相思太苦了，让它没有了营养？还是因为男子不会再回来，它也不愿意再给女子带来妄想？又或许，只是时间未到吧。

春天也在这落花细雨之中离去，留下的只有伤。那人刚走之初女子还会收到来信，可如今几载春秋已过，连音讯都断了，那人又是否还知女子在烟雨江南里等他归来？以至于最后，女子想着想着入了梦，梦里花枝未败，她依旧在花丛中与他手挽手欣赏这良辰美景。

词中女子虽然伤身却没有颓然，虽然香印已成灰却没有忘记曾经的美好，可知这首词作于李煜前期，那段他比较闲适的时候。这首词或许是他伤春而有感，又或是在晚春的时节偶见这个翘首等待郎君归的女子。李煜是一个性情中人，他的风花雪月便也铸就了他的优柔寡断以及容易触发的感伤。我相信若是有一个女子向他倾诉自己的思念，他一定会为她作一首词。

总有那么一瞬间让我觉得李煜与纳兰容若很像，他们身上所特有的柔情是别人学不来的。他们的相似点除却词中的柔情，或许还有对情的痴心与执着，再或者他们与其他诗人词人不同的便是家世。大部分的文人都是穷人，就好像杜甫写的"床头屋漏无干处，雨脚如麻未断绝"，这种寒苦是李煜与纳兰所无法体会的，他们的世界锦衣玉食，出生便是皇室贵胄而又备受喜爱。在他们的少年郎时节，几乎可以说没有过多的波折。这也是许多人喜爱将李煜与纳兰写在一起的原因。

纳兰容若曾写过一首《赤枣子》："风淅淅，雨纤纤。难怪春愁细细添。记不分明疑是梦，梦来还隔一重帘。"这首词与李煜这首《采桑子》都是写的春雨时节女子的忧愁。场景都是细雨纷纷，加上一场如梦如幻般的念想，将忧愁写进了灵魂深处，一旦陷入便无法自拔。这也是这两位公子的相似之处，用最柔情的语言讲述最缠绵的情感。

对于春雨中的春愁，古人的描绘有许多。辛弃疾写道："更能消，几番风雨，匆匆春又归去。惜春长恨花开早，何况落红无数。"与李煜这首词的上阕意思相近，都是感慨春天在细雨落花之中悄悄离去，以及人对于春天离去的不舍。只是李煜这阕最美的便是意境的描绘，虽然都是春去。但"亭前春逐红英尽，舞态徘徊"，让春也有了灵魂，它是随着落花而去的，虽已去却又不愿离开，仍旧徘徊在天地之间。这便是更美之处，常人总说晚春已来落红已遍布满地，而李煜的这句一个"逐"、一个"徘徊"让春不再只是一个季节，而是一个娇艳的美人。她与花共生死，所以是追逐红英而去，让人多了几分遐想，也多了几分惆怅。

江南本就是烟雨蒙蒙之地，它的美也来源于这里的细雨纷纷。清明时节的悲愁也与此无法分离，雨带给人太多的悲伤与忧愁，从古至今都是如此。还记得戴望舒的那首《雨巷》，那个如丁香般温婉的女子，在那条寂寥而又悠长的雨巷中，撑着油纸伞在细雨里寻找自己的身影。她的那份惆怅与忧伤，让我久久不能忘怀。这就好像细雨的力量，让人在那湿润的世界里，找到了内心的愁绪。在晚春时节，落红已将青石台阶铺满，带着雨水与即将逝去的芬芳，将人卷入忧愁之中。女子忆起过去的种种，却又在那一瞬间，男子的面庞竟然在脑海里开始消散，她伸出手想要阻挡，可一切早已来不及。双眉紧锁便也抑郁不开，而李煜这句"不放双眉时暂开"，却也是十分形象生动，与前一句相同，将物拟人化，也将情绪拟人化。

关于春日里的细雨，李商隐曾写过一首《细雨》来描绘它的美与柔：

帷飘白玉堂，簟卷碧牙床。楚女当时意，萧萧发彩凉。

将细雨比作白玉堂飘下的帷幕，碧牙床上翻卷下的竹席，神女沐雨之后披散的秀发。不论是这三种中的哪一种，都是美丽动人而又清凉浪漫的。这里的细雨不哀不悲，却十分柔情。这首诗也算是与李煜词中的细雨截然不同的表现。诗人心中的情绪是什么样的，笔下的世界便是什么样的。他笔下的世界随着人的喜怒哀乐而变换，只是李煜本就是多情之人，多情便易动情，便心思敏感容易陷入哀愁。

梦，是一种真实的映射，也是一种对生活迫切的幻想。男子思念妻子之时，就如苏轼一般"夜来幽梦忽还乡，小轩窗，正梳妆"。便是如此，思之深而入梦，梦里妻子依旧是韶韶年华，白皙的皮肤传神的眼眸。她将窗户打开，恰好可以望见前方的庭院郁郁葱葱，坐在梳妆台上梳着自己的秀发。苏轼不禁看呆了，好像真的回到了那一刻。可惜梦终究是会醒的，梦不过是对那人思念的执着所化。

女子也是如此，李煜笔下的这名女子，看过这红尘种种，看遍春去秋来，最后只能在无奈之中睡去。词中并未说女子梦到了什么，但我想她梦到的一定是她魂牵梦绕的那人。他就好像女子心底的一粒朱砂，抹不去。可是心本就只是这么大，当真只容得下这一人，再也容不下别人。于是不论年轮又添加了多少圈，女子心心念念的还是他。

梦里，男子正在为她画眉，一笔深一笔浅，画得那般不熟练。可是他的嘴角洋溢着笑容，充斥着宠溺，抚摸着女子面庞的手也是那般轻柔，他应该是在乎她的。只是为何一去不归，谁又能说得清楚，或许是背叛或许是遇上了意外。只见熟睡中的女子，翻了一个身，笑靥如花地沉浸在梦里。

春风细雨里，美则美矣，只是将人笼罩在那份忧伤之中，无法抽身而去。不禁为女子祈祷，渴望那人能够回来，能够再次为她梳妆打扮，为她绾起长长的青丝，深情地为她一笔一笔画眉。

第二节　片红休扫尽从伊，留待舞人归

《喜迁莺》

晓月坠，宿云微，无语枕频欹。梦回芳草思依依，天远雁声稀。

啼莺散，馀花乱，寂寞画堂深院。片红休扫尽从伊，留待舞人归。

有人说若是李煜不是南唐的皇子，不是南唐的李后主，他的一生定是快乐的。其实不然，若是那般，怕是不再有这样的词中之帝。在那些闲适快乐的日子里，李煜诗词中的愁绪就似小打小闹一般，并没有大悲或者大痛。即便是闺怨词都是截然不同的，那份忧愁更为缥缈更为平淡，没有痛彻心扉的悲怆便也沦为俗物。若是李煜没有这些人生的大起大落，国破家亡，丧子亡妻，妻儿被辱，便也不会有这样撕心裂肺而感人肺腑的绝品诗词，千百年后的我们也无法品味研

读这样的精品。

这一首词写于李煜被囚禁之后，这时已是晚春时分，让他不禁忆起了那年的佳人舞点，心中的悲又添了几分。李煜对大周后的那份情比起小周后还要深，那种感觉更似一对想要白首偕老的夫妻，是妻亦是友。有些事是小周后无法比拟的，所以被软禁之后他想的更多的是娥皇，而不是身边的小周后。

娥皇的《霓裳舞曲》与舞姿是李煜一生都无法忘怀的，她的才情、美貌与贤惠是他所舍不下的，只是世事难料，如今李煜已是阶下囚而娥皇也早已香消玉殒在过往。

"晓月坠，宿云微，无语枕频欹。"夜空中那轮明月已消失在拂晓的天边，第一缕阳光照进天地之间，打破了一切黑暗。可是李煜却辗转仍旧未能入眠，曾经的过往在他的脑中挥之不去。曾经他在夜晚笙歌至黎明，如今他却在榻上怀念过往熬着难以熬过的夜晚。有些梦让他真假难以分辨，恍惚之间似乎还在几年之前，还坐在那金碧辉煌的大殿。

"梦回芳草思依依，天远雁声稀。"心中的离恨本就是随着青草的蔓延而生长，如今又是几载恍惚而过。那份离愁更加深切，如今又是异国他乡，早不似当年。梦里那份悠长的思念依旧如芳草一般，烙在他的心头。天边大雁渐渐没有了踪迹，最后竟然连音讯都断了。如今佳人又在何方，他在梦里想与她相会，都无法寻见她的身影。断了的琴弦弹不出音符，消失的人也无法再见，只是心有不甘不愿承认。

吴文英用"门隔花深梦旧游"来形容思之深切、入梦去寻人的场景，将那份对人的不舍与思念深深印记在心间。梦里是否瞧见了佳人，是否回到从前，看见她翩若惊鸿、婉若游龙的舞姿。是否看见她闭月羞花的面庞，又是否看见她眼底对他的爱恋？吴文英与李煜一样，妻子去世之后，对妻子的思念也越来越深，最后着了迷入了魔而进梦魂之中去寻找妻子的踪影。

李煜曾经辜负过娥皇，他对大周后思念之余我想应当还有一丝惭愧与忏悔。女子对待自己心爱的男子总是宽容的，不论他们如何辜负自己，即便因爱生恨，恨到最后恨的是自己，伤的还是自己。李莫愁被陆展元所伤而遁入魔道，周芷若因张无忌当场悔婚而走火入魔，阿紫因萧峰痴情阿朱而随他跳崖。金庸笔下的女子大多都敢爱敢恨，敢作敢当。她们爱得坦荡，却也恨得深切。可是李莫愁终究没能杀成陆展元，周芷若也伤不了张无忌，阿紫还是为了萧峰殉情，穆念慈却至死都恋着杨康。

情不知何起，一往情深，情只是一个字，却能让人一辈子无法摆脱。那些思念缠绕着人，侵蚀着人的灵魂与肉体，最后将人变成了情的俘虏。若是能够两情相悦，那不知是何等荣幸，这人生一遭也不算白走，所以大周后是既幸运又不幸的。但我相信她不怨李煜，李煜对她的情义，她也一定能感受到，所以她不怨李煜。

"啼莺散，馀花乱，寂寞画堂深院。"又是晚春时节，莺散花落。本就狭小的庭院，也只有他一人，寂寥而无助。李煜的政治水平差，可他的心却是柔软而易触的，亡国的伤痛让他无法自拔，而如今，又是暮春，落花随风而下，那落花雨让李煜的愁思又深了几分。看着渐渐被铺满的青石板，他的心孤寂到了极点。

"深院无人，黄昏乍拆秋千，空锁满庭花雨。"柳永这句深院无人，再加上黄昏时分的暮色，花雨满庭，这意境与孤寂和李煜的十分相似。深院，一个深字总让人想到那样一个无人而偏僻的小院子，四处都是一种破败之景，带给人一种死一般的寂静。李煜阶下囚生活的庭院，本就是一个这样荒芜的小院，这里没有喧嚣没有音乐，甚至没有鱼贯而入的人，只有满庭的落花与孤寂的他自己。本就萧瑟的情景显得更加压抑，可这还只是暮春啊，若是到了萧索的深秋，他又该如何度过？

"片红休扫尽从伊，留待舞人归。"任凭落花妆点庭院，他说，他要留给娥皇欣赏。他说，他想看娥皇在花瓣上的舞蹈。他的思念深入骨髓，甚至也陷入恍惚之中，分不清在何地在何方。又或者应当如东坡那般洒脱，"休对故人思故国，且将新火试新茶。诗酒趁年"。

可是他是李煜，不是可以闲云野鹤的苏东坡，不是可以坐看云起云落的王摩诘，也不是可以遁入空门的顺治帝，更不是可以绝尘而去的贾宝玉。他又如何能够放得下这亡国的伤痛，放得下这对佳人的思念？或许他就如欧阳修的《玉楼春》一般："尊前拟把归期说，欲语春容先惨咽。人生自是有情痴，此恨不关风与月。离歌且莫翻新阕，一曲能教肠寸结。直须看尽洛城花，始共春风容易别。"

在心中怀念着过去的一切，那首曾经的曲子若是再想起，怕是会要肝肠寸断。他看尽这世间繁华，承受着这世间的苦厄，却终究逃不过一个情字。"人生自是有情痴，此恨不关风与月。"真真便是如此，不是因为风月惹了相思，染了那段情的毒，只是本就是情痴。

李莫愁本也是一位冰雪聪明而又温柔娇艳的姑娘，她美得那么让人心动，回眸一笑百媚生。只是从她豆蔻年华之初爱上陆展元起，她的命运便不再由她自己控制，一切都被陆展元操纵着。当她怀抱期许找到陆展元时，却是在他的婚礼上，可新娘不是她。若是爱得不深，便也不会堕下这监牢。可她偏偏将陆展元当作了自己在这世间唯一的寄托，情郎却转眼将她抛下。曾经的海誓山盟并不是真的至海枯石烂都不变，而是物是人非。那一念起，转而成了魔，李莫愁直至生命的最后还在询问苍天何为情，这是她的悲剧也是爱情的悲剧。

金庸笔下有太多痴情女子，唱九张机的瑛姑，与一生孤苦伶仃的穆念慈。她们让人痛心却又让人愤怒，痛那份生死不改的痴情，怒那份懦弱的爱恋。她们的一生都在追逐爱情，最后却还是死于爱情。若是可以做到相忘于江湖，该有多好。李煜若是能忘却那段凡尘往事，或许最后的生涯还会快乐些，或许他背负的罪恶可以减轻几分。

这首词并没有过多悲痛的词语，却可让读者读之便会落泪，而李煜只是用最平实的言语说了一段伤人的情事。最后不过一句，"当时只道是寻常"。

第三节 远是去年今日，恨还同

《谢新恩》其一

樱花落尽阶前月，象床愁倚薰笼。远似去年今日，恨还同。

双鬟不整云憔悴，泪沾红抹胸。何处相思苦？纱窗醉梦中。

《谢新恩》其二

樱桃落尽春将困，秋千架下归时。漏暗斜月迟迟，花在枝。（缺十二字）彻晓纱窗下，待来君不知。

世间花开万种，每一种花都对应不同的花语、意境与思绪。还记得那年学校小道边的樱花树，开花时是那么繁茂，与一旁绿油油的青草形成鲜明对比。可是无奈花期太短，虽说不如昙花那般眨眼即逝，却也是短得让人心疼。有时上一个星期正值花开似锦之时，花团锦簇。下一个星期便已开始有飘落的花瓣，粉色的花瓣随风而下，也让人不由得悲伤。

花期有限期，人的芳华也是如此。一眨眼，便从风华正茂变为满脸褶皱的老人，时光将青春年华都夺去，也带走了樱花带给世间的浪漫。樱花初开之际煞是好看，它的颜色十分清淡，没有那种万紫千红的绚丽，却带有一些平淡与清新。只是不知为何初见它之时便有一丝忧伤，就好像蓝色的大海给人带来的忧郁一般，而那份忧伤弥漫在人的心头不知该往何处。当花败时，淡粉色的花瓣随风飞扬，落在人的肩头、发梢之上，那份隐藏的忧伤便瞬间爆发而出，在那一刻竟有些想哭。

唐太宗李世民曾形容盛开的樱花为"朱颜含远日""低枝映美人"。他将樱花比作温婉而有些羞涩的美人，语言上也较为欢快，并没有任何压抑与愁绪。形容得当真很美，只是仍旧挥不去樱花烙在人心底的忧伤。

李煜是忧郁的，樱花正符合他的性情。大周后逝世之后，他原本欢快的日子戛然而止。那一段时间，次子仲宣夭折，娥皇去世，母亲钟太后逝世，这些事接连向他扑来。李煜虽然没有治国平天下的能力，可是他的内心是为百姓忧为百姓愁的，他爱民也想要为民，只是苦于无能为力。所以他从来不愿意去做一个皇帝，他渴望闲云野鹤的生活，可是家世所迫，他不可以。许多人说他有着女子一般的忧愁，每日只知风花雪月，其实他又何尝不苦呢？

他为相思所困，他为国家所愁，他也为自己这一生而哀叹。每一夜，他都会在他的象牙床上辗转难眠，思绪万千，他不知该如何面对这一切。有大周后陪伴的日子里，是他一生最快乐的时光，因为娥皇懂他。娥皇去了，他的那颗心也随着去了。樱花落满台阶之上，他也不愿扫去，谁知道娥皇会不会在夜晚趁着月色归来。

屋里的陈设还是如从前一般，窗边放着书桌，象牙床摆在一旁，连熏香都是曾经的味道。只是物是人非，如今人早已不在了，只有那些回忆与曾经存在过的痕迹抹不去。去年今日，我们还在编织同心结，还在轻轻耳语诉说着各自的思念。可一年之后，仅仅一年的时光，却是人去楼空，人走茶凉，如今这里依旧是那样静谧，却唯独少了你的身影与温度。而这里也因少了你，没有了从前的温馨与感觉。取而代之的，只有你来过的痕迹与我对你的思念。

你在时，我为你而化上你爱的妆容，只为博你一笑。可如今，你不在，我的盛妆又有谁赏？对着镜子看着自己凌乱的头发，与憔悴的面庞，不禁有些苦笑。不知你若归来再见这样的我，会是什么样的表情与想法。落下的滚滚热泪将我的衣裳都打湿了，心口一阵刺痛过后，才发觉想你的泪在我的胸口留下了一枚红印。我傻傻地看着那赤红的烙印，相思如此之苦，若早知如此我便不要念你。于是只好抱着一壶酒，趴在窗台上，或许醉后便能再次见到你的盛世容颜。

这一首词李煜用一个闺中女子对情郎的思念来讲述自

己对大周后深切的思念，那份想念在睡梦中都不愿舍弃。就如温庭筠写道的那般，"玲珑骰子安红豆，入骨相思知不知"。时光那么长，一想到以后的日子都没有了你的陪伴，心情便跌入谷底。脚下是深渊，而我却不知该如何走出这样的黑暗。断肠草，忘情川，绝情崖，哪一方我没有去过，哪一味我不曾尝过，可是对你的思念非但没有减少反而变得更深，如今相思入骨早已无药可治，我也便放弃了去忘记你。

李煜虽是男子，却有着女子一般细腻的心思，将女子那份愁容用"双鬟不整云憔悴"来描述，将女子心中的愁苦用两行热泪表达。提及去年今日，崔护桃花树下的绝恋与欧阳修月下的苦恋便是不得不说的情事。去年今日与今年此时的对比，总是能让人触景生情，触目伤怀，心中的忧郁便也更深。忆往昔繁花似锦，相比于如今的冷清、人去独留自己的场景，总是让人在一悲一喜之间形成强烈的对比。

欧阳修那首《生查子》如是说道："去年元夜时，花市灯如昼。月上柳梢头，人约黄昏后。今年元夜时，月与灯依旧。不见去年人，泪湿春衫袖。"

正月十五，街上灯光如昼，四处都挂着火红的灯笼。男子与他心爱的女子相约在月下，互诉衷情，说些甜言蜜语。江面上灯光闪烁着，夜晚江边的风也有些冷，可爱人在旁竟觉得内心如火一般，将寒冷化为温暖。一转眼，又是一年一晃而过，还是这个街边，还是月圆之夜，还是灯光如昼的夜晚。周遭依旧是红红火火，洋溢着喜庆的气氛。可是男子的身旁空无一人，去年的人不在了，究竟是离去了还是逝去了就不得而知了。

李煜也是这般，今年的情景依旧，唯独缺了那一人，她带走了一切幸福的来源。外面世界的热闹与他无关，他就好像绝尘之人一般，被孤寂掩埋在自己的过往里。去年的欢愉，在梦中才能重现，可是一觉醒来，仍旧是那个冷清的庭院，转眼梦中的欢情成空。不论是李煜，还是欧阳修，抑或是崔护，都是落入情网的男子，纵使他们才华横溢，一人之下万人之上，纵使他们拥有这世间种种，却也换不来美人在怀的温情。

忆起楚霸王在乌江边的长啸，他英雄气盖世可是那又如何，虞姬还是在他面前自刎。他只能抱着虞姬渐渐冷却的身子，苦苦哀求，可是她终究不会醒了。或许比起李煜，楚霸王是幸运的。虞姬死后他亦追随而去，死后还让人称赞，"生当作人杰，死亦为鬼雄"。他不用忍受多年的相思之苦，不用忍辱负重，至少黄泉路上也不会孤单。可娥皇病逝之后，李煜不能随之而去。偌大一个南唐还在，他还是这一国之主，还要承受着后世千万年的辱骂。

却也幸好他不似唐玄宗，亲手处死玉环而自己苟且偷生。之所以说他苟且偷生，是因为往后的日子里，他不过如行尸走肉一般，手中没有了实权，在荒废的庭院里度过最后的余生。而即便这样，他还要在无限的羞愧之中煎熬。玉环是他亲手赐死的，梅妃是他亲手葬送的，他爱的终究还是离他而去了。她们香消玉殒后，唐玄宗才发现自己对她们的思念深入肺腑。

李煜的一生都伴随着各种不幸和苦闷，皇位于他是苦涩的责任，亡国于他是不堪承受的重量。第二首中开头那句"樱桃落尽春将困"，与第一首"樱花落尽阶前月"的意境是相似的，樱花与樱桃无差别，都是指我们所知的樱花。只是"阶前月"不过是夜晚的清冷，"春将困"却让人觉得被捆绑，被情所捆绑。

在这首残词里的最后一句"待来君不知"，是他的期盼抑或是妄想。只是放眼千年，我看见男子身着白衣坐在桌前，手握笔杆却在纸上踌躇难下。他的眉宇早已拧成川字，握着笔的手不自觉地将笔紧紧握住。桌上是一幅刚刚画完的画，画中的女子穿着一身淡绿色的衣裳，舞起手中的衣袖，在月光下翩翩起舞。那女子的眉目一看便知是娥皇，画底有一行小字便是这首残词。可想而知，李煜望着这面容，身为填词高手的他，竟忽然凝噎说不出话，不知该如何形容心中的愁绪。

秦观曾在《鹊桥仙》中写道："两情若是久长时，又岂在朝朝暮暮。"这话是相思时对自己的安慰，是诀别时对自己的宽慰，可是若是有情又岂能分开得如此干脆？思念会断肠，相思的苦只有相思的人才懂，李煜懂，秦观也懂。这一句看似美好的宽慰，其实也是一种无奈，要离开的人是留不住的，而要走的人对此也是无可奈何。

夜晚，娥皇伴月归来，看见满阶坠落的樱花，又瞧见桌前倚靠睡着的李煜，不禁一声叹息。她轻轻走到他的身旁为他盖上薄被，又将他手中的毛笔放下，为他熄灭忽闪忽闪的烛光，又为他擦去他眼角尚未干的泪水。

第四节　小楼新月，回首自纤纤

《谢新恩》

庭空客散人归后，画堂半掩珠帘。林风淅淅夜厌厌。小楼新月，回首自纤纤。

春光镇在人空老，新愁往恨何穷！金窗力困起还慵。一声羌笛，惊起醉怡容。

豆蔻年华最是动情之际，也不知是谁拨动了女子的心弦，让女子从此步入这红尘之中，没有了退路。若是从来没有落入相思情网，这一生岂不是有些苍白？古诗词中关于爱情的众多，那些爱情里大多是可歌可泣的悲剧。我也曾在一个午后望着窗外淅淅沥沥的雨，想起了那段玄奘与女儿国国王的故事。

唐三藏是何等人物？是得道高僧，是金蝉子转世，是可以使妖怪长生不老的和尚。"说什么王权富贵，怕什么戒律清规，只愿天长地久，与我意中人儿紧相随，爱恋依，爱恋依，愿今生常相随。"《女儿情》唱的这般情深意切，我的耳边总会响起那银铃般的声音轻轻唤着"御弟哥哥"。若说唐三藏没有动情那是假的，我分明看见了他言语里的犹豫、眼神里的闪烁和眼角隐藏的泪水。

　　《西游记》里唐三藏是绝缘的仙人，是了却尘缘的佛，可他又是一个凡人。佛都会动情，更何况凡人。一路走来，无数妖娆的女妖怪纠缠在他左右，他都无动于衷，到了女儿国，那坚定的心才有了摆动。或许她不是最美的，却是最惹人心动的，她对于三藏不要求任何回报，只渴望他能给她一分爱，哪怕只是一丝，便足够。她望向他时的柔情似水，面对他时的娇羞作态，她舞起来时的婀娜多姿，或者只是那一声"御弟哥哥"便足以让人动情。若唐三藏不是唐三藏，只是一个普通的和尚，或许便不再犹豫。只是这世间哪有那么多的或许，这世间根本没有给女王一个或许。

　　每一日相处的画面，每一声"御弟哥哥"，每一句挽留与诉请，都在唐三藏的梦里环绕。他的心在颤抖，他也想为她拭去眼角的泪，只是这只手被清规戒律与责任所制止。他知道，他不能，他不可以留下，也不可以给她希望，也不可以给自己任何喘息的机会。不知道在离去的那些夜里，在往后的余生岁月里，三藏是否有想起过女王。也不知他再见鸳鸯戏水，是否会想起那年在自己耳畔说着"只羡鸳鸯不羡仙"的女子。可我知道女王是在思念中度过余生的，她一定每天都在翘首以盼，等待郎的归来。

遇见过后的离别，是最痛的感伤。李煜在娥皇逝世后的日子里，每一日每一夜都念着她，思念缠绕着他的心，痛到不能呼吸，于是思念的诗词写了一首又一首，似乎这世间没有不让他想起娥皇的事物与瞬间。这份长情却也成了他心中的苦涩，自知"新愁往恨何穷"，却又止不住的思念与怀念。

有时我也会想，若是三藏不是三藏，若是陆游与唐婉不曾分别，若是小周后不会进宫，不知结局会不会有所不同。相思的苦果一旦埋下，便会扎根，最后是开花还是衰败便要看命运。我一直相信爱情里的缘生缘灭是命运在主宰，两个人的相遇与分离也是苍天的安排。或许是上辈子的情缘，又或是只能如此。

娥皇在时，李煜总是与她一起填词编曲，将生活过成了诗。娥皇去世后，他的思念是多重原因的积攒，"春光镇在人空老"，春光依旧，只是人已老心已伤。李煜这首词中女子的思念之情，心中那份愁苦，像极了女儿国国王对三藏的情义。她在时光里等他，却不料老了红颜，人却没能等来。窗外的风，与夜晚的月，空中传来的羌笛声，让人的相思不知从何处起，更不知从何处灭。

羌笛这一物多出现在思念的诗词中，用来表达作者心中的思愁。"雪照山城玉指寒，一声羌管怨楼间。江南几度梅花发，人在天涯鬓已斑。星点点，月团团。倒流河汉入杯盘。翰林风月三千首，寄予吴姬忍泪看。"刘著在这阕《鹧鸪天》中也提及羌管，"一声羌管怨楼间"与李煜的"一声羌笛，惊起醉怡容"何其相似，用羌管来表达心中隐藏许久的情感，羌笛声起，那份思念便又被唤醒。人总是在期盼与等待里消磨着光阴，李煜知道娥皇不会再回来，便将身边的一切当作娥皇，又每夜渴望在梦中与她相会。"情不知所起，一往情深"便是相思最初的模样，谁知是哪一瞬间，便恋上了对方，从此再也忘却不了，放不下。

仓央嘉措也是一位多情的才子，情早不知何时埋在他的心里，可是他的身份让他无缘尘世，他魂牵梦绕的尘世，竟成了无法触碰的平行线。可即便如此，也未能消灭他心中的情义，与生在他心里的多情。

"我问佛：世间为何有那么多遗憾？佛曰：这是一个婆娑世界，婆娑即遗憾，没有遗憾，给你再多幸福也不会体会快乐。"

这是仓央嘉措《问佛》里的一段，世间的遗憾千千万万，他与情人的别离，李煜与娥皇的生死相隔，都是人世间的遗憾。悲伤吗？当然悲伤，可是佛说，没有遗憾，给你再多幸福也不会体会快乐。这是佛给人的安慰吧，遗憾又怎么会让人感到幸福快乐？所以我们翻越千山万水只为与你相见，跋山涉水只为与你再续前缘。所以仓央嘉措又写道："那一世，转山转水转佛塔，不为修来世，只为途中与你相见。"

李煜这一首词，上阕写着秋天里的散场，下阕写着春天里的忧愁，一首词从过了秋写到入了春。春愁与秋殇是不同的，却又是相同的，这便是李煜的思念历程，从秋入春依旧放不下，忘不了。有人说只有忘却才能前行，可是忘却对于多情的李煜来说，他做不到。不论填多少首词都无法描绘尽他的思念。

每一个诗人心中都有一个与世隔绝的诗情画意的世界，这个世界注定了他们的与众不同。那些常人放得下的伤痛，他们放不下。为了将一切忧愁掩埋在不为人知的角落，他将要重拾快乐的时光，于是大办宴席。将清冷的庭院装扮得繁盛，又邀来许多宾客，饮酒畅谈，想将庭院的凄冷赶走。宴会上舞女摇曳的身姿，歌女弹奏的乐曲却又将他渐渐引入回忆之中。恍惚之间以为一切还如从前，身旁依旧是他的娥皇，他揉揉有些醉意的眼眸，笑得像个孩子。曲终人散之后，他才猛地发现，娥皇从来没有回来过。放眼望去，满地狼藉，放眼庭院依旧是他孑然一身，他不禁匍匐在桌子上失声痛哭起来。

回忆里的伤是无法抹去又无法掩盖的过往，喧嚣后的沉寂是最惹人愁苦的时刻。当夜空静下来，倦鸟都归巢，思念便如流水一般缓缓流入心头。人生的聚散离合仿佛还在昨日，只是一转眼，又过了几多年华。相思的苦涩自是仍旧埋在心里，那一夜皓月当空之下，一声悠长的笛鸣，打碎了他的梦，也惊醒了他的心。

第五节　塞雁高飞人未还，一帘风月闲

《长相思》

一重山，两重山。山远天高烟水寒，相思枫叶丹。

菊花开，菊花残。塞雁高飞人未还，一帘风月闲。

上学时曾读到过一篇文章，里面有一句话深深刺痛了我："山的那边，依然是山，山那边的山啊，铁青着脸。"作者为了去看海，翻山越岭，却发现，山的那边依旧是铁青的山，在那一瞬间将他的幻想全部打碎。就好像看了那么多的童话故事，有一天突然发现，原来童话里都是骗人的，根本不存在王子与灰姑娘的故事。可这就好像飞蛾扑火一般，毫不犹豫地奋不顾身。李煜这阕《长相思》中的上阕就好像那份翻山越岭，却依旧见不到所要见到的人的苦涩以及心中那份不顾一切的痴狂。

女子站在江水边看着江岸的青山，双眼有些黯然。她曾以为翻越这一座山，便会眺望到情郎所在的地方，却发现山的那边还有无数座山，这些全部都阻隔在他们之间。江面升起薄薄的雾气，为江水添了些神秘与迷茫。烟水寒，而人心更寒。只是一转眼，才发现山上的枫叶竟然已经红了，原来都到秋天了。这内心的思念就似枫叶一般热烈、迫切，否则又怎么会望眼欲穿呢？

"一重山，两重山，山远天高烟水寒，相思枫叶丹。"四句是由近及远的，女子的思念如飞絮一般越飘越远，飞过千山万水，遇见过铁青的山，领略过寒冰般的水，却仍旧是如火般的相思。崔颢曾说："烟波江上使人愁。"柳永又说："暮霭沉沉楚天阔。"江水若是明澈的，心也是明澈的，所以每每心中积郁成伤时，江水便也是烟雨弥漫。人总是用山水来言情，景色的形态便是人的情，而人的情又注定了所看到的景。

纳兰容若也曾写过一首《长相思》："山一程，水一程，身向榆关那畔行，夜深千帐灯。"与李煜这句"一重山，两重山"有着相似之处，都是在翻山越岭，渐行渐远。不得不说，纳兰容若与李煜之间的相似之处实在太多，不论是诗词风格，又或是心中愁绪，以及那都经历过的丧妻之痛，让两人跨越七百多年来了一场知音邂逅。有些相遇不一定要同时同地，有时候只是穿越时空与他相遇相知而已，就如纳兰容若与李煜。

唐朝曾经有一位才女，她的才情直至今日也依旧让人难以忘怀，可她的一生都没能等回那个她情窦初开爱过的人，也没能等回那个与她私定终身的人，甚至都没留得住那个红尘过客。她就是鱼玄机，一个才女，一个如谜一般的女子。丈夫李亿为前程抛下她决然而去时，还曾说会回来寻她，谁知这一走便是遥遥无期，今生都未能再见。鱼玄机短暂的一生中，让她堕落的是情，让她最后被处死的还是情，她看似游戏人间潇洒一生，却不过是被情所困，困在自己的世界里不曾出来过。李亿将她留在道观中离去之后，她对李亿的思念也是日复一日加重，便写下了《江陵愁望寄子安》，表达自己心中的思念之情。

"枫叶千枝复万枝，江桥掩映暮帆迟。忆君心似西江水，日夜东流无歇时。"

这首诗中也用到了枫叶，她说枫叶随风落在江面之上，使之一望过去满江的红色，可那种枫叶落江之景却是忧愁而伤神的。她用枫叶的飘落来表达自己心中随风而凌乱的思绪，随枫叶而加深的思念与愁绪。李煜在这首词中写道："相思枫叶丹，"简单五个字，却让人感到了如火焰般炽热的心。李煜并未说女子的思念如火，他只说如枫叶一般，剩下的便让人去想去猜。这就是李煜的特色，他总是将愁掩藏在字里行间，一旦读下去便会陷入那份情绪之中无法自拔，最后也如李煜一般深受相思之苦。同是枫叶，同是思念，同是愁绪，鱼玄机与李煜却用了两种方式来表达，一个用了"丹"来形容颜色，另一个用"千枝复万枝"来描述。又在前后文都用江水来借景抒情，表达自己对情郎的思念，对这份思念的忧愁。

在《长相思》这一首词中，李煜用到了"烟水""枫叶""菊花""塞雁"这些景色与景物来表达闺中女子思念郎君的愁绪，字字没有愁，却字字在言愁。前一阕写了"烟水"与"枫叶"，后一阕用了"菊花"与"塞雁"。

菊花在古代的诗词中有着四种截然不同的代表，一是指隐士，比如陶渊明的"芳菊开林耀，青松冠岩列。怀此贞秀姿，卓为霜下杰"。二是指斗士，如"待到秋来九月八，我开花后百花杀。冲天香阵透长安，满城尽带黄金甲"。三是伤感之情，如易安的"莫道不销魂，帘卷西风，人比黄花瘦"。四是高洁，如"耐寒唯有东篱菊，金粟初开晓更清"。菊花是古代四君子"梅兰竹菊"之一，它的美是朴素而又引人注目的。而李煜这首《长相思》中所提及的"菊花开，菊花残"，表达的情感与易安《醉花阴》中所表达的情感相似，菊花开了又落，是何其伤感难过。

桃花落时是花瓣如柳絮一般飞舞，飘飘荡荡继而落地。可菊花并不是这般，若是花败了，便是整朵整朵坠落而下。若说花瓣纷飞之时的思愁是丝丝点点，那么菊花落地时的伤感便是极大的。让我想起《菊花台》那首歌中的歌词："菊花残，满地伤，你的笑容已泛黄，花落人断肠，我心事静静躺，北风乱，夜未央，你的影子剪不断，徒留我孤单在湖面成双。"

只觉得那句"徒留我孤单再湖面成双",戳中了我的心窝。该是怎样的一种孤独才会用倒影来使自己成双成对,而不显得那么寂寞。李白有"举杯邀明月,对影成三人",想必只有在孤独深入骨髓,思念住进心头时,才会陷入这样的孤寂。而这份孤寂在李煜这首词中也同样存在,女子眺望不到情郎的影子,只感到江水寒,而心中的思念又是如此痴狂。再一转眼,岸边的菊花也已凋落,满地的伤,就如心掉在地上一般破碎不堪。天边的大雁也已返回故土,可郎君仍旧没有归来,纵使这里山清水秀,枫叶满山,女子也无心思观赏,她的一整颗心都系在郎君身上,即便他如今不知身在何处,也不知他是否会归来。

塞雁在古诗词中主要表达两种意思:一是雁归来,指归家还家的时候;二是代表着音信,如李清照的"雁来音信无凭",便是用雁已飞过,却未能带回一丝一毫的消息,来表达与郎君之间早已断了的联系,为那份相思加入一味苦药。李煜词中写道:"塞雁高飞人未还。"便是用的第一种寓意。边塞的大雁都已经归来,只是人未能归来。用大雁已还与人未归,来做鲜明的对比,让整首词的愁绪得到升华。也正是这样,先是望山望水心中寒,却又看见火红的枫叶将寒意退却只留下浓烈的思念,可是低头又见菊花残,抬头又见雁高飞,最后才会"一帘风月闲"。

这首词中将女子心中的起承转合描绘得十分详细,最后在"一帘风月闲"中收尾。柳永在《雨霖铃》中写道:"此去经年，应是良辰好景虚设。"与这句情感相同，不论眼前景色多么怡然，身边的人不在，再美也是虚设，也是无聊的。许多人的一生都逃不开一个情字，于是写尽花开花落，写云卷云舒，写那些伤情的景色。又问天问月问人，何为情。而被情困住的人，都逃不开相思，就好像一个循环，在此之中兜兜转转。

李白曾写过一首《秋风词》，字里行间诉尽相思："秋风清，秋月明，落叶聚还散，寒鸦栖复惊。相思相见知何日，此时此夜难为情；入我相思门，知我相思苦，长相思兮长相忆，短相思兮无穷极，早知如此绊人心，何如当初莫相识。"最后一句"早知如此绊人心，何如当初莫相识"，便是相思至最后无奈的言语，可若是再来一次，依旧还是会恋上，不会犹豫也不会退缩。或许这就是情，一入情网便深陷其中，成为逃不开的命运。

李煜笔下的闺中女子，都是如此在春天里伤神，在秋天的萧瑟里忧愁，在风里思念，在雨里悲愤。每一句都写得看似那么淡，却又扎进人的心中，连读者都逃不脱那苦涩的相思。一切都归为黄土，只是世人的心中都为那些曾经活在千年前为情所困的女子而忧愁，而可惜。不论是才华横溢的易安、薛涛，还是堕入红尘的鱼玄机，她们的一生都在追随爱情，只是追到的太短暂，剩下的时光便是痴情难改的陷入情网。鱼玄机一生的追求便是那句"易求无价宝，难得有情郎"。一生的追寻，也不过是如尘埃一般消散在风中。不知李煜笔下的这名相思成疾的女子，是否盼回了郎君，是否是执子之手与子偕老，是否白了头还能手牵手游江边。不知道她的结局，只盼望她不会如鱼玄机她们一般，将一生倾于此，却难逃这劫难。

第六节　云鬟乱，晚妆残

《捣练子令》

云鬟乱，晚妆残，带恨眉儿远岫攒。斜托香腮春笋嫩，为谁和泪倚阑干？

相思说一千道一万，不过是心中所念之人不在身旁，甚至不知他是否会归来，以及何时归来都无从而知。许多古人所写的闺怨诗，究竟所写之人是谁，也是无从知晓的。李煜写下的许多闺怨词并不见得都是抒发自己的相思，其中也不乏写所见之人、所闻之事的。风流才子柳永、温庭筠就写过许多诗词给那些不知是谁的女子。这一阕《捣练子令》也不知李煜写于何时，写予谁，但可知这是一首春怨词。

这一首李煜只字未提景色，只用了二十七个字来形容女子的形态、妆容以及眉眼，来表达女子的相思之情。这种写法比较有意思，总是借景抒情，如今却以人写愁，不带景。

韦庄也曾写过一首《女冠子·四月十七》："四月十七，正是去年今日，别君时。忍泪佯低面，含羞半敛眉。不知魂已断，空有梦相随。除却天边月，没人知。"

先是点明时间是四月十七日，还是去年的四月十七日，和恋人相别。用"忍泪佯低面，含羞半敛眉"这样的字眼来描绘情人的不舍与神态，以表达心中的思绪。只是与李煜这首比起来，却稍逊色一些。李煜这二十七个字，将女子的那份愁苦相思描述得恰到好处，不让人觉得过分悲痛却也不失悲伤。

李煜这阕将女子的神态描述得那般细腻，先是说女子发髻杂乱，妆容也花了，来形容女子因爱人不在身旁，心中念着他而无心整理妆容，无心打理自己。后点题说道："带恨眉儿远岫攒。"描绘女子的眉眼，是紧锁的眉头和暗自伤神的双眸，一个"恨"字，点明女子的情绪和对情郎的幽恨。而"远岫攒"三个字，将一个立体的画面浓缩成一句话，看着十分简单简洁，却读之便能体会到女子的眉眼是如远峰一般攒在一起，拧成一个结。这便是词的上一部分，描绘女子的面部，从头发到妆容到眉眼，将所有能表现出女子愁思的都进行了描绘。

下一部分便是女子的形态而不是神态了，这也是由小及大，由分及整的描绘方式。女子斜托着下巴，倚在阑干上望着远方流泪。就是这样一个动作，李煜还要将女子的手指形容成如春笋一般白嫩。由全词可知，这是一个年轻貌美的女子，顶着杂乱的发型与凌乱的妆容，双眉紧锁，倚在阑干上托着下巴流泪。这样的一个女子，看着便让人心疼，不自觉会想要去安慰她。

金庸小说中的悲情故事可以说十分之多，而瑛姑、周伯通以及段王爷那一段故事却是让人看着又心疼又痛恨。瑛姑对周伯通的情，不知是因何而起，或许只是因为段王爷忙于练功疏于去陪伴她，所以当老顽童出现的时候，她突然找到了一丝感觉，恋爱的感觉。可是周伯通是什么人，他的心中几乎只有武学，对于情爱可以说是一无所知也不愿知。他们的一生便是周伯通拼命地逃亡，瑛姑拼命地追寻。第一次知道《九张机》便是来自这段故事。

一张机，采桑陌上试春衣。风晴日暖慵无力，桃花枝上，啼莺燕语，不肯放人归。

两张机，行人立马意迟迟。深心未忍轻分付，回头一笑，花间归去，只恐被花知。

三张机，吴蚕已老燕雏飞。东风宴罢长洲苑，轻绡催趁，馆娃宫女，要换舞时衣。

四张机，咿哑声里暗颦眉。回梭织朵垂莲子，盘花易绾，愁心难整，脉脉乱如丝。

五张机，横纹织就沈郎诗。中心一句无人会，不言愁苦，不言憔悴，只恁寄相思。

六张机，行行都是耍花儿。花间更有双蝴蝶，停梭一昀，闲窗影里，独自看多时。

七张机，鸳鸯织就又迟疑。只恐被人轻裁剪，分飞两处，一场离恨，何计再相随。

八张机，回纹知是阿谁诗。织成一片凄凉意，行行读遍，恹恹无语，不忍更寻思。

九张机，双花双叶又双枝。薄情自古多离别，从头到尾，将心萦系，穿过一条丝。

　　这一首《九张机》是宋朝的一位无名氏所写的，有人说是女子写的，有人则说是男子以女子的口吻所写。不论是男子所写还是女子所写，这整整九张机读下来，便是一个完整的故事，一个女子的心路历程，从第一眼的爱上到最后的分离。

　　一张机，女子着新衣去陌上赏玩，被鸟鸣声与花香所吸引，久久不愿归去。两张机，女子与心上人相见，却又十分含羞，只是回眸一笑，怕被人知道心中的秘密。三张机，女子已经开始织绵了，时光转眼即逝。四张机，女子在织布声中思念着心上人，见时害怕，而不见时却又着急。五张机，借用沈约"梦中不识路，何以慰相思"，来表达自己日益加重的相思。六张机，依旧是思念心上人，用"双蝴蝶"来表达自己的形单影只。七张机，织上鸳鸯，却又害怕鸳鸯被人裁剪，从此两不相见。八张机，借才女苏蕙的璇玑图来表达自己心中的思念。九张机，如今鸳鸯已织成，却仍旧抵不过别离。可是自己对他的心却是"从头到尾，将心萦系，穿过一条丝"。

《九张机》用织布这种最朴实的事情来描绘了一个女子的相思，一个女子对爱情的坚贞执着。句句感人肺腑，让人情不自禁随着她的心情而走，最后落入相思之中。与李煜这首词的相似之处，便是用女子的动作、心理活动、表情这些来表达女子的思念。用最朴素的方式，说着最深的相思，便是共同之处。

李煜词中的女子或许是他宫中的宫女，又或是出宫之时遇见的。女子不似男子，女子可以将一切情展开得那么柔和，那么美，而又那么伤。就好比那句"忽见陌头杨柳色，悔教夫婿觅封侯"，不知词中的女子是否也因此感伤过，也有这般惆怅。

天空灰蒙蒙的，好像要下雨，女子倚在阑干之上，望着远方，滚落的泪被人用手帕擦拭干净。女子回头，望着身后那个男子，含在眼中的泪便滚落了下来，是他，她朝思暮想的人回来了。

第四章

花明月暗笼轻雾，
今宵好向郎边去

第一节　奴为出来难，教君恣意怜

《菩萨蛮》

花明月暗笼轻雾，今宵好向郎边去。刬袜步香阶，手提金缕鞋。

画堂南畔见，一向偎人颤。奴为出来难，教君恣意怜。

小周后初见李煜时，正值情窦初开的豆蔻年华之际。她的伶俐、青春、美丽对于李煜来说就好像一种新鲜的不曾遇见过的山珍海味，让他不禁眼前一亮。大周后比李煜大，用如今的话说便是姐弟恋。而女子又多比男子早熟，大周后是贤惠端庄而有才情的，对于李煜来说，她是爱人也是知己。可小周后却是不同的，她比娥皇小了整整十四岁，对于李煜来说，这便是致命的诱惑。

小周后就好像一朵刚刚出水的芙蓉，美得娇嫩欲滴，却又不失灵动。她与大周后，一个活泼俏皮，一个温柔贤惠。

对于一个男子来说，这两种女子都是他们梦寐以求的。一个给他安稳，一个给了他灵感。有人说李煜更爱小周后，但我想或许他都爱，只是多了一份给大周后。一个陪伴了他最快乐的时光，一个陪他从一国之君沦为阶下囚，可以说两个女子贯穿了他的一生。他的风流便也在这两名女子身上展现得淋漓尽致。

此时的大周后已卧病在床，小周后便如及时雨一样，在这个空当走进了李煜的心里。娥皇病逝之后，李煜对此十分悲伤与愧疚。有时都会让人怀疑，他与小周后的故事是不是也因为小周后是娥皇的妹妹才会有这样的过程。对于小周后，史书上并没有记载她的名字，只是称为小周后。有人说小周后叫女英，但正史中并未提及，所以也不可信。想是有人想到了帝尧的两个女儿娥皇与女英，又联系起大周后的小名唤娥皇，便给小周后起了个小名叫女英。但由于无从考证，文中还是称她为小周后。

这首词有些艳词的味道，却又不似那些诗词那么直白裸露，反而更多的是写女子赴约的心情，以及两情相悦的俩人的内心活动。诗词中写相思的多，写相恋的却少，多是伤心才会写诗，不过李煜他是个性情中人，他不讲究这些，以致与大周后的闺中事，与小周后私会的情景都被一一写成词。早在大周后时他便写下了"烂嚼红茸，笑向檀郎唾"这般的词句，来描绘自己与大周后在闺中之事。写到小周后时，却是更加放肆地写道："奴为出来难，教君恣意怜。"

是夜，月色暗淡，还有着一层薄薄的雾气，只是花儿却开得异常灿烂，这样的夜晚恰好适合约会。终于在画堂的南侧小周后见到郎君，便飞奔扑向李煜的怀中，因为刚刚奔跑而加速的心跳，再加上见到李煜时激动的心情，整个人都在颤抖。小周后双颊绯红地望向李煜，眼中尽是欢喜。每次见面都是如此地小心而又艰难，小周后依偎在李煜的怀里，俩人都是如此地不愿耽误一分一秒，春宵苦短，也免却夜长梦多。幽会事毕之后，小周后仓促而又欢快地提着金缕鞋，光着袜子便向闺房奔去，内心是欣喜而又有些紧张。

开头第一句，"花明月暗笼轻雾，今宵好向郎边去"，将约会的景色以及去向描绘出来，从"月暗""笼轻雾"这两个形容可知，这个夜晚的天气并不太好。并不是明月当空照的那般敞亮，而是暗淡的月光加上薄雾，不过这样的夜晚却最适合他们这般偷偷地约会。元代元怀曾写下"月黑杀人夜，风高放火天"，也因此出了一个成语，月黑风高。一般暗指，将会发生不好的事情，不过用在这里形容小周后与李煜的约会却也合适。而李煜所描绘的场景却也和这十分相似，只是李煜骨子里便是浪漫的，所以他的用词十分含蓄而又不失风韵。这一句中，外面的景色是如此暗，却唯独用了"花明"这样的词来叙述花的娇艳。但我想这里的花并不是仅仅指花朵，而是暗指小周后，是在这个灰暗的夜色下的一朵娇艳欲滴的鲜花。

"划袜步香阶，手提金缕鞋。"这一句便体现出李煜描绘得细致，将女子那种内心欢快而又仓促的模样写得十分详细。上一句写月光下赴约，这一句便是写趁着月色朦胧返回的场景。初尝禁果之后，内心的激动与紧张，显然有些仓皇而逃的感觉。或许是心中觉得对不起姐姐娥皇，却又无法排遣心中对李煜的渴望。

　　下阕中写相见后的情景，先是描绘初见之时女子内心的忐忑与激动，"画堂南畔见，一向偎人颤"。再便是隐晦地讲述即将发生的事情与约会的不容易，"奴为出来难，教君恣意怜"。

　　李煜初见小周后时便对她一见倾心，那时候小周后却是傻傻的什么也不知道。李煜最拿手的便是写诗作画，而小周后在此之前也没有动过男女感情之心，于是很快在李煜的追求之下，陷入了情网之中。若说小周后懵然无知，却也不对，她是纯真，但她绝对知道姐夫于自己是什么意义。古代女子十五六岁嫁人都是常事，而小周后也是出于名门，所以这些她一定明白。

　　只是爱情来得那么快，她无处可躲。那些日子里，她每日都在犹豫不决，不知是该放下情丝，还是应该奋不顾身。花园里再美的景色也不再怡人，一切都变得十分懊恼。姐姐与自己说话时，她总是思绪飘飞，一会儿是李煜俊朗的脸庞，一会儿是姐姐惨白的脸色。对于小周后来说，这一个决定便也注定了她的一生，只是这样的一生不是她所期许的。都说相思最苦，确实如此，每一夜她都辗转难眠，反反复复地思索，反反复复地抉择。李煜每一日都会差人给她送来诗词，每一首都是那般动人心弦。仿佛他就在眼前，长衫飘飘，一双柔情似水的眼望着她，询问着她是否愿意与他携手。

小周后对李煜是日思夜想，而李煜又何尝不是。那些诗词在战乱中丢失，但我们却不难猜测，李煜是一个多情的诗人，这样的万千情绪一定会被他化为诗词。这一日，李煜邀小周后在画堂的南侧相会，收到邀请之后，小周后一整日都在犹豫不决，都在徘徊，心中不停地斗争。可思念的心就如那浓情的酒一般炙热，让她无法承受，她太期望与李煜在一起，她觉得这就是她所渴求的爱情。于是便放下一切，不顾姐姐，也顾不上什么规矩，便迈着欢快而又忐忑的步伐去见李煜。

而李煜呢，这一整日更是魂不守舍，他不知道小周后是否会来。还未到约定的时刻，他便迫不及待地来到相约的地点。时不时地望向来的路，不停地在房中踱步，即便他是情场老手，心中仍旧充斥着紧张与焦虑。等到看见一个靓丽的身影出现在房外，那一颗悬着的心终于放下，一把将她抱在怀中，望着小周后粉嘟嘟的樱桃小口，便情不自禁地吻了上去。而这一放纵，便也加速了大周后的离去，也让南唐的灭亡加快了步伐。

这一首词，李煜将小周后的内心描绘得细腻而又贴合，也将他与小周后的第一次幽会记录了下来。李煜的词与李煜的情都是这般，让人如痴如醉。这又恰如纳兰容若所言："一生一代一双人。"

第二节　脸慢笑盈盈，相看无限情

《菩萨蛮》

蓬莱院闭天台女，画堂昼寝人无语。抛枕翠云光，绣衣闻异香。

潜来珠锁动，惊觉银屏梦。脸慢笑盈盈，相看无限情。

闭上眼，耳边是她的声音，眼前是她的面庞，一颦一笑都是那么惹人怜爱。喜欢上一个人时，便是如此，不见又是想念，见到却又有些紧张。喜欢她紧张时的小动作，喜欢她害羞时卷着头发的模样，喜欢她开怀大笑的活泼，喜欢她感伤时有些忧郁的小表情，喜欢她生气时微微噘起的小嘴，喜欢她调皮时轻轻打在他胸口的粉锤。喜欢一个人时，她就如山间的清风，夜晚的明月，春天里的暖阳，夏日里的清泉。她的一切都是你爱的，她的一切你都可以包容，在你的眼里她便是最美的。俗话说，“情人眼里出西施”，便是如此。

李煜与小周后的这段相处就好像陷入热恋的男女，相看两不厌。上一阕《菩萨蛮》写的是第一次私会的情景，写女子约会时有些紧张又有些激动。而这一阕《菩萨蛮》李煜则以男子的角度来写与心爱之人的事迹，来诉说男子眼中心中的女子是什么模样。

这一日，他悄悄潜入小周后休息的闺房，偷看她睡着时的模样。小周后睡得正酣，脸颊有片片红晕，使得李煜心中一片柔情。他低头嗅着她衣物上的体香，双手轻轻拂过她舒展的眉梢。却不小心将她惊醒，本要嗔怒的小周后，抬眼对上李煜有些慌乱的神情，突然掩面笑了起来。双眸对望的瞬间，便将心中的一切情意传递给了对方，真真是情到浓时便不顾一切。

李煜在这样一个阳光正好的午后，与小周后来了一场平淡而又惊喜的邂逅。他的字里行间都流露着对小周后的爱恋，他形容小周后为"蓬莱仙女"，她的脸光滑细嫩。又着笔细细地描绘小周后睡着时的模样，与醒来望向他深情的眼眸。白居易在《长恨歌》中也曾提及蓬莱仙女，"含情凝睇谢君王，一别音容两渺茫。昭阳殿里恩爱绝，蓬莱宫中日月长"。唐玄宗下令将玉环赐死之后，他的日子十分难熬。他四处寻找玉环留下的痕迹，在她曾经摇曳着舞姿的柳树下寻找，在自己的梦里寻找，终于在海外仙山上寻着那么一位仙女，字太真，像极了玉环。只可惜，再相见已为渺茫，蓬莱宫中的岁月是那么漫长。与李煜这首词中的两情相悦是截然相反的，却也可知在李煜的心中小周后是多么美，是如天仙一般的女子。

《诗经》可以说是一本爱情故事集，有喜有悲。其中有一首《静女》也是诉说男子对女子的爱恋，讲述她的美丽，讲述自己对她的情意。"静女其姝，俟我于城隅。爱而不见，搔首踟蹰。静女其娈，贻我彤管。彤管有炜，说怿女美。自牧归荑，洵美且异。匪女之为美，美人之贻。"

关于这首诗歌，有人说是讽刺卫夫人的淫乱，也有人说是一首情歌，而我选择相信后者，这样缠绵的情意，一定是痴情之人所写下的男女相悦的爱情，绝不是讽刺之词。

男子每一句都在诉说他的恋人是多么美，一边描绘幽会的情景，一边诉说自己对女子的爱意，而最后一句"自牧归荑，洵美且异。匪女之为美，美人之贻"，便透露着女子从野外采摘回来送我的荑，也是这般美丽好看，哦，原来不是荑美，而是赠我荑之人美，诉说着一种爱屋及乌的情意。男子的痴情便也更好地得到描摹，就好像李煜这一阕一样，每一个字都在讲述小周后的美，最后用"脸慢笑盈盈，相看无限情"来收尾，便也把与小周后之间那种情投意合栩栩如生地展现了出来。

世人皆言爱情，最美的爱情便是执子之手，与子偕老。在最初相遇时的怦然心动，恋爱之后的甜甜蜜蜜、难舍难分，而后的与子携手共进白头。正如陈昂笔下的"漫天飞雪的日子，一定要约喜欢的人出来走走，从村子的这头，走到那头，回家后，发现彼此一不小心就手牵手，走到了白头"，写得很平实，而我却被最后那句"走到了白头"所触动。或许这就是最美的爱情，一次温暖的邂逅，一生牵起一人之手直到永远，浪漫而不失美感。

李煜与小周后的爱情算不上悲剧或者喜剧，只能说是造化弄人。他们相遇在一个春暖花开的日子，他们的爱情从歌舞笙箫走到了国破家亡，他们的结局是相继去世。悲吗？悲，可又不是唐婉与陆游的相爱不能相守的苦涩，不是他与大周后阴阳相隔的无奈，不是鱼玄机的痴情却被无情抛弃的悲痛，不是……可是喜吗？喜，可又不喜，他们没能相守到白头，甚至没有黛玉与宝玉那份纯真，也没有牛郎织女那么幸运。他们在大周后即将病逝的日子里开始了恋爱，在小周后被赵光义侮辱之后，李煜被毒杀之后，以小周后的自尽走到终点。甚至凄美不如祝英台与梁山伯，他们的爱情从一开始便带着些许污点，到了最后便更是不值一提。

李煜的风流倜傥、出口成章，是吸引小周后的闪光点，可是他的懦弱也在亡国后表现得淋漓尽致。有人说赵光义并没有对小周后图谋不轨，只是我却不信。他对小周后的侮辱并不仅仅是垂涎她的美貌，更多的是想侮辱李煜，将他踩在脚底，让他遭世人唾弃，让他内心充满愤怒。所以小周后也曾心寒，只是她早已陪着李煜从繁华走到如今，或许她早已不在乎那么多，他们的爱情便这样惨淡收尾。

热恋中的男女，都是全身心投入，最为有名的海誓山盟便是《上邪》："上邪！我欲与君相知，长命无绝衰。山无陵，江水为竭，冬雷震震，夏雨雪，天地合，乃敢与君绝！"

这是女子对郎君许下的诺言，此时的她早已深陷爱情之中无法自拔，无法抗拒心中想要诉说的言语，便说出了如此轰轰烈烈的誓言。李煜一定也向小周后许下过承诺，他的甜言蜜语便是最好的证据。誓言是爱情的一种见证，也是爱情的一种展现形式。

李煜的词总是描绘一些细小的形态、表情、动作以及事件，却能将他的柔情、悲情、洒脱都表达得清清楚楚。最擅长的便是字字不提情感，却字字暗含着那些情感，而且很强烈。写愁时不带愁，写爱时不说爱。上阕他写自己偷看小周后的睡容，观察她的眉眼，闻着衣物上，空气中她的香气。下阕写他不小心惊醒小周后，两人的互动、看着对方情不自禁的笑，双眼满含爱意的情景。将无限的温柔添进了词中，使得句句都如春风般轻柔地吹进人的心田。

千言万语尽在不言中，便是李煜与小周后这次相见的情景，那一眼似乎异常的长，好像跨越了一个世纪之久的漫长等待。

第三节　眼色暗相钩，秋波横欲流

《菩萨蛮》

铜簧韵脆锵寒竹，新声慢奏移纤玉。眼色暗相钩，秋波横欲流。

雨云深绣户，来便谐衷素。宴罢又成空，魂迷春梦中。

这一首词，有人说是李煜写与宫女的一夜春宵的，也有人说是写与小周后约会的。两种可能性都存在，但从词牌名与时间以及内容上来说，应当是写与小周后相见恨晚不愿分离的词作。

李煜在前期每日每夜基本上都是沉迷于歌舞笙箫以及琴棋书画。这一首便带着李煜"性骄侈，好声色"的个性与喜好，于是上阕开篇便是"铜簧韵脆锵寒竹，新声慢奏移纤玉"，描绘宴会上多种乐器的演奏，又有女子的纤纤玉手在为他弹奏新乐曲。第一句便将女主人公点明，这是一位善音律而貌美的女子，这人当属小周后。

到了第二句，"眼色暗相钩，秋波横欲流"，便开始讲述与小周后眉目传情，暗送秋波的过程。他将双眸相望时的情深意切描绘为"相钩"，一个"钩"字便让人产生许多遐想。而下一句便更为直白，将男子与女子情感相同直接写明。这样便引出了下阕两人情投意合后的巫山云雨，以及难舍难分。

下阕"雨云深绣户，来便谐衷素。宴罢又成空，魂迷春梦中"，两句描绘的都是闺中之事，俩人在男欢女爱之后，一想到离别便有些油然而生的惆怅。刚刚喧嚣的宴会转眼便成空，俩人即将分别，如此不舍只好将女子深深印记在心中，好在梦里慢慢回味。

这一首应是小周后还未能嫁给李煜时的情景，这时他们已不再那么偷偷摸摸，但毕竟每次相聚都不能久留，仍旧需要分别。李煜写与小周后幽会的词共计三首，皆为《菩萨蛮》的词牌名。与前两首相比，这一首李煜写得更为露骨，而他与小周后的情感也在一步步加深。到这一首，俩人已是奋不顾身，如胶似漆了。

晏殊也曾写过一首与李煜这首有着相似情感的词作《诉衷情》："青梅煮酒斗时新。天气欲残春。东城南陌花下，逢著意中人。回绣袂，展香茵。叙情亲。此情拚作，千尺游丝，惹住朝云。"

上阕写春天里，青梅煮酒后去野外踏青，偶遇意中人，心中的欣喜与激动难以描绘。下阕便邀请女子与他一起坐在铺开在草地上的席子上，俩人相依相偎诉说各自的情话与故事。这份欢娱是短暂的，他还沉浸在这情意之中时，女子便已悄然离去，甚至只留下一抹香气证明她曾经来过。他伸手想去捕捉那一丝气息，却也只是落得更为难过。这首简短的诗便将男子与女子从相遇到分离的整个过程——偶遇之时的欣喜，相逢之后的欢娱，戛然而止的幸福，悄无声息消失的爱人——讲述得完整而又婉转，跌宕起伏，引人入胜。

晏殊的这首《诉衷情》与李煜这首《菩萨蛮》的相似点，便是短暂欢愉后的分别。刚刚抓住些许幸福却又从手指缝中溜走，是一份惋惜，也是一份苦闷。这一夜的放纵却没能让李煜感到满足，他只觉春宵苦短，他渴望小周后能入他的怀，日夜与他相伴。一想到即将到来的分别，李煜便感到内心空虚，他的心早已随着小周后而去，便心中积郁难以宣泄。他将自己与小周后之间的情深义重，俩人之间的情意相合，以及自己对小周后的一往情深写得那么细腻。

李煜的词细腻而又不烦琐，柔情却又不觉虚假，可以说对情感的描绘达到了登峰造极的地步。这便是他的才华，不过李煜的词作达到巅峰应当是亡国之后，多种复杂的情绪交汇在一切，所形成的悲怆之词。前期他的世界便是风花雪月，赏赏花，抒抒情，描绘男女之间的相思与欢会，宫廷中盛大的宴会，等等。这时他的词多让人读之而觉细腻，而又柔情，与后期的有着很大的区别。这一首词中的李煜仍然置身在这些寻欢作乐之中，作为一国之君，他丝毫不畏惧大宋，也丝毫不去想政治战争。他的性格用文人的说法是柔懦，用帝王之语便是优柔寡断。纵使有着一颗爱民之心，却做不出爱民之事。

与李煜十分相似的皇帝便是宋徽宗赵佶，他比李煜更甚，常常出没于青楼之间，寻花问柳都是常态，以致后人杜撰了他与李师师凄美的爱情故事，只是这件事的真假无从考证。但不可否认的是，他也如李煜一般置身在声色与艺术之间，做的都是艺术家、文人做的事。

在后来的词作中，李煜似乎没有再提及小周后，只有在大周后在世之时，与小周后幽会才有词作传于世。当然这也不排除那些诗作在宋兵入金陵时，遭到破坏而我们无从知之，这也是后人对李煜的词中有些作品存在不同看法的原因所在。

关于情人相会不愿分别的词作，还有周邦彦的《少年游·并刀如水》："并刀如水，吴盐胜雪，纤手破新橙。锦幄初温，兽烟不断，相对坐调笙。低声问向谁行宿，城上已三更。马滑霜浓，不如休去，直是少人行。"

词中的美人肌肤如雪，而眼神含有秋波。屋内设有帷帐，华丽的帐幔轻轻垂下，为他们增添了一些浪漫。巫山云雨过后，女子拉着郎君，望着窗外的夜色说："低声问向谁行宿，城上已三更。"如今已人烟稀少，又没有马车，不如就留在此地不走了吧。女子眼瞅着情郎即将要离去，无奈心中十分不舍，便以天色已晚难以归，作为希望男子留下的理由。周邦彦的《少年游·并刀如水》与李煜的《菩萨蛮》的不同点是，写作角度不同。《少年游·并刀如水》是从女子的角度写的，而《菩萨蛮》是从男子的角度写的。《少年游·并刀如水》中女子对情郎轻言轻语相劝说，与《菩萨蛮》中李煜被迫与情人分别后的难以释怀，形成一个反差。

这类词作，在古诗词中不多也不少，不过将诗词内容写得如此香艳却又不黄不乱的，怕也只有这几人了。而李煜更是此间的高手，早在《菩萨蛮》的第一首的最后一句他就写道："奴为出来难，教君恣意怜。"十分含蓄地写着那些男女之事，而这一首李煜却没有有所保留，反而是将之写得十分详细，在什么样的场景下，什么地点，什么心情极尽描摹。

男女相爱本就很难，若能牵手到老更难。或许爱情本就是飞蛾投火，热恋时不管不顾，最后却也是万劫难复，覆水难收。可是喜欢不就是如此吗？喜欢一个人又怎么藏得住？又怎么舍得不说出口？又怎么舍得不与他共度日夜共享年华？

第五章

空有当年旧烟月,

芙蓉城上哭蛾眉

第一节　永念难消释，孤怀痛自嗟

《悼诗》

永念难消释，孤怀痛自嗟。

雨深秋寂莫，愁引病增加。

咽绝风前思，昏濛眼上花。

空王应念我，穷子正迷家。

人生中最为痛苦的事，一是妻子早逝，二是父母早逝，三是孩子夭折。对于李煜，不论后世如何说他，他经历了儿子夭折，妻子早逝，父母去世，甚至国破家亡。他的情是真实的，所有的伤痛都是真实的，没有任何虚假之处。

李煜虽然贵为皇帝，享受后宫佳丽三千，可以左拥右抱，但记载在史册之上的只有两位，大周后与小周后。而李煜的子嗣也只有两位，都是大周后娥皇所生，长子李仲寓与次子李仲宣。宋乾德二年，大周后重病卧床不起。仲宣年仅四岁，为了给母后祈福去佛像前上香，却因一颗大琉璃珠掉下而受到惊吓，当日便昏迷不醒。谁知这一病，仲宣就再也没有能够醒来。娥皇本就身染重病，李煜害怕娥皇知道仲宣之事而病情加重，便命令大家不可泄露仲宣夭亡之事。李煜虽心痛万分，却依然需要在娥皇面前表现得十分乐观开心，避免娥皇担忧。

这一首《悼诗》便写于此时，心中万般痛苦不能宣泄，只好化作诗词，将那份伤痛寄予诗词之中。第一句"永念难消释，孤怀痛自嗟"，便直言心中的想念、怀念与痛苦。"自嗟"便道出，不能与娥皇诉说，不能与任何人讲述心中的痛苦，只能独自在这黑夜里对烛望月，讲述自己的心痛。这种痛苦，不是一个字两个字可以诉说的，也不是千言万语可以描绘的，这种痛说不出道不明，只有有着同样感受的人才会明白这种伤痛。

第二句"雨深秋寂莫，愁引病增加"，点明天气与季节，和自身的身体状况。深秋时节的雨，是冰冷而又寂寥的，最容易引发人的思念之情。古人写对爱人的思念、对历史人物的怀念感叹之时也总爱将深秋与雨相结合，比如纳兰容若那句"一往情深深几许？深山夕照深秋雨"，这一句是他走到昭君墓时，心中的感慨。昭君当时的一往情深，与如今的沧海桑田相比，心中的落寞便如这深秋雨一般冰冷。李煜这句也是一样的，点名是深秋雨，便引入这份落寞与寂寥，而后一句"愁引病增加"，可知不仅悲痛藏在心中独自承受，同时这份愁苦已将自己压垮。

这时的李煜不再是多情的才子，不再是王权富贵的帝王，不再是无治国本领的亡国之君，不再是沉醉在歌舞笙箫中的李煜，他只是一个中年丧子的父亲。从这首诗的词句中，我们可以看出，李煜在这首诗中没有描绘一点儿景色，而是直截了当地说出心中被压抑的情感。是什么样的伤痛让一代词帝，句句痛哭流涕？

第三句"咽绝风前思，昏濛眼上花"，只能看到一个独自站在风中哽咽，眼泪朦胧了双眼的李煜。他的风华正茂似乎已被消磨得一干二净，心中藏着满满的悲痛。白发人送黑发人本就是最痛苦的，更何况仲宣只有四岁啊，正值一生的开端，就这样夭折了。此时娥皇的病情也丝毫没有好转，即使他爱上了小周后，是对娥皇的不忠，但爱情又是谁能左右得了的呢，他对娥皇的爱也丝毫不曾减少。两位皇子都是娥皇与李煜爱情的结晶，是他们抹不去的爱的痕迹，如今次子就这么逝去，李煜怎能不肝肠寸断，悲痛欲绝。

李煜本就不是一个心理强大的人，他是柔情而又心中情绪万千的人，这是诗人必备的素质，而他也正是如此，无法那么快平复失去儿子的心痛。总说帝王的子女众多，甚至有些子女他都不曾见过，不曾记得，可是李煜不同，他只有两个儿子，失去一个便少一个。他是体验过兄弟逝去的人，兄长逝去让他心痛，可他没有办法制止，所以对两位弟弟他付出了所有的感情，将对那些无法再见的兄长的感情全部寄托在弟弟之上。他不愿意再次分离，所以当从善入宋未归，他期盼他的归来，对从善的思念充斥着他的心。李煜是一个重感情的人，仲宣的逝世对他的打击是巨大的，这也是他人生的第一个大波折。

从前的日子可谓是顺风顺水，无忧无虑。与娥皇的爱情，与小周后的相恋，似乎没有一丝挫折。而这一次仲宣的病逝如晴天霹雳一般将李煜狠狠地打倒了，而这也直接加速了娥皇的离世。

"空王应念我，穷子正迷家。"李煜信佛，他对佛的虔诚也是有史册记载的。这一句便也将一切悲痛引到佛之中，心中的伤痛无法排遣之时，他找不到回家的路，无法回到正轨之上，他需要佛祖的指引，引导他找到方向。这也是一位父亲对于儿子逝世时，最为无助的表现。他不能让儿子死而复生，他也无法让时光倒流，可是这个结果是他所无法承受的。他在这条路之上迷路了，忘记了快乐是什么样的，只记得那份压抑在胸口的悲痛。前方一片黑暗，找不到方向，迷失了自我。所以他渴望佛带他走出这黑暗，重回光明。

韩愈曾写过一篇感人肺腑的祭文《祭十二郎文》，还记得当时学这篇文时，耳边听不见老师的话语，只看到那一幅幅让人落泪的画面，脑中一直回荡着那句："呜呼！汝病吾不知时，汝殁吾不知日，生不能相养以共居，殁不得抚汝以尽哀，敛不凭其棺，窆不临其穴。"十二郎是韩愈的侄子，但俩人的年龄相仿，一同成长，他们俩都是十二郎的父母一手养大的。那份感情近似兄弟之间的深情，如今十二郎病逝了他却不知，可知道又如何，改不了这结局，这便是韩愈心中的伤痛。这一篇祭文没有过多地抒情，也没有任何景物描写，就好像李煜这首诗一般。

分离是难舍难分，从江湖中来又在这里分开，或许还会再见，至少心中可以有这样的期许。但是生离死别却不再有这样的可能，这一别便成了永别。前一日，仲宣还在花园里追逐蝴蝶，还在李煜的怀里撒着娇，后一日李煜便只能抱着仲宣小小的冰冷的身体，痛哭流涕。可是连哭都不敢放声大哭，李煜只能强忍着悲痛，伏在仲宣的耳边不断地轻声呼唤着他的名字，却没有人应答。往日里如银铃般的笑声不见了，他最爱的仲宣不见了，声音没有了，人也不在了。他的呼唤无人应答，他的思念无人回应，他的伤痛无人能分担。他只能独自一人站在冷风冷雨之中，将一切的痛楚往心里咽，将所有的悲痛藏在心里。

仲宣离去后，李煜将自己的心痛埋在心里，像往常一样来到娥皇的住处，他努力让自己如往日一样与娥皇笑着打招呼。询问娥皇近来的病情，讲述窗外发生的快乐事件，只是将仲宣的事深深地埋在心里。将娥皇哄睡之后，李煜在转身的瞬间，眼泪便再次划过他的脸庞。他不知道自己是否能熬过这种伤痛，不知道将来要如何面对娥皇，也不知道如何面对没有仲宣的日子。

只是李煜不知，仲宣逝去的消息是藏不住的，哪有不透风的墙呢？娥皇终究会知道她最爱的幼子已经不在了，娥皇终究熬不过这一年的冬天。李煜又哪会知道，这一年不过是他人生苦难的开端而已。

第二节　沉沉无问处，千载谢东风

《挽辞首》

珠碎眼前珍，花凋世外春。未销心里恨，又失掌中身。

玉笥犹残药，香奁已染尘。前哀将后感，无泪可沾巾。

艳质同芳树，浮危道略同。正悲春落实，又苦雨伤丛。

秾丽今何在，飘零事已空。沉沉无问处，千载谢东风。

乾德二年十月仲宣病逝，同年十一月大周后娥皇逝世。对于李煜来说，这正是他痛苦的开始，一切悲伤的开端。仲宣病逝之后，大周后早已身染重病的身体再也不堪悲痛，就在丧子的悲伤之中离世。大周后逝世时心中一定有许多痛楚，小儿子夭折，丈夫又与妹妹私会，换作谁心中都难免会伤痛。兴许她不恨李煜，但一定心痛到无法形容，仲宣的病逝对于她来说便是压死骆驼的最后一根稻草。她的身体一直不太好，但是这一次是最重最久的一次，而这一次也让她与李煜永别了。

　　李煜在娥皇去世之后，写了许多悼亡之词来诉说自己的心痛。不可否认他的心是痛的，幼子的夭折与妻子的病逝，让他的心怎能不痛？只是我相信李煜对娥皇的怀念里，还带有一些愧疚与自责。这首诗，都是李煜在娥皇去世之后，怀念仲宣与娥皇时所写。

　　一位衣冠不整，发髻凌乱的男子，满脸愁容，这不过几个月便已有些皱纹，鬓角也开始斑白，不过二十八岁的青春年华，便已是如此不堪。失去了儿子与妻子之后，他也得了重病，每一日无心关心天下苍生，每一日无力去纸醉金迷，每一日不记得琴棋书画，看不见窗外的景色有多美，瞧不见宫女有多美，嗅不到点的熏香有多芬芳。他的世界充满了灰色，只是睁着那双无光的眼睛，呆呆地望着前方。许久，才猛地开口感叹一句，又一年花开花落。

　　书桌上到处都是凌乱的宣纸，有的写着寥寥几句便被揉成了一团废纸，有的变成了一团墨迹看不清写的是什么。桌上的奏折与书籍被李煜拂了一地，喝过的酒壶堆放得到处都是。每天宫女总能看见李煜望着墙上娥皇的画像发呆，时而痴笑，时而悲痛万分。若是不知实情，便好像疯癫之人。是惭愧吗？是想念吗？是不舍吗？是痛苦吗？

　　"未销心里恨，又失掌中身。"前一句写道幼子夭折，用"珠碎眼前珍"来描绘。一个"碎"字，既是用掌上珠来形容仲宣，又是表达李煜自己心中的心碎。这一句紧紧接着上一句，写到刚刚失去了幼子，心中悲痛万分，那份痛苦依旧深重还未消除，可是不过一个月，又失去了大周后。这里将大周后形容为"掌中身"与仲宣的"掌上珠"一样，代表着他们在李煜心中的地位。

"玉笥犹残药，香奁已染尘。"这一句最能体现李煜心思的细腻，他用碗里残留的汤药来形容大周后似乎仍旧还在身边，她在的日子仿佛就在昨日，仿若一场梦。可是盛放香粉、镜子的匣子却已经满是灰尘，又将李煜拉回现实，娥皇已不在人世有许多日子了。这两句用的物品很普通却又很有代表性，大周后去世之前因重病所以需要每日服用汤药，而大周后放梳妆的匣子却也是代表物，人在便会用的物品。两者放在一句，便形成鲜明的对比，将李煜心中的伤痛传递给每一个读到此诗的人。

在悼念仲宣的《悼诗》中，李煜写道："咽绝风前思，昏濛眼上花。"这时他还有泪可流，可此刻，大周后也逝世之后，他连泪水都无法流出。能痛哭的时候，便也是情感得到了宣泄。而当眼眶干涩无泪可落之时，便是最大的悲痛，沉浸在里面无法自拔的表现。李煜此时便是如此，哀莫大于心死，欲哭无泪。

杜甫也曾写过一首《自京赴奉先县咏怀五百字》，其中"老妻寄异县，十口隔风雪。谁能久不顾？庶往共饥渴。入门闻号啕，幼子饥已卒。吾宁舍一哀，里巷亦呜咽。所愧为人父，无食致夭折"，写到因为家贫幼子饿死之事。不过与李煜的不同，《自京赴奉先县咏怀五百字》并不是悼念幼子逝世之作，而是对当时社会的描绘，与苏轼的《洗儿》有些相似，表达的是对当朝的不满情绪。与李煜所写的悼诗是完全不同的。

不论是杜甫还是苏轼一生都在官场中摸爬滚打，他们渴望做官，却又郁郁不得志，所以心中的愁闷更多的是对世事的不满，对人生中的波折而作的感叹。李煜则不同，他从来不需要为金钱而发愁，他的世界里从来不缺金钱与地位。即便成为亡国之君，成为赵匡胤的阶下囚，他也不曾像杜甫他们那般。或许他的一生最大的悲剧便是对权势没有任何追求，对政治没有任何渴求。所以他们的诗词便也是不同的，即便都是讲述幼子夭折的情景。李煜的心是柔软的，他的诗词都是温柔而抒情的，与杜甫的那种是截然不同的。所有的诗作都是诗人自身的反馈，每一个人所想要表达的不同，诗词便也不同。对于李煜来说，仲宣与娥皇的逝去，就已经是最大的转折，最悲痛的事，所以他一蹶不振，沉浸在其中无法抽离。

李煜一旦陷入悲伤便会更加虔诚地信仰佛，似乎那是一种释怀。

第二首中李煜句句沉重，也字字扣人心弦。"正悲春落实，又苦雨伤丛。"一句便将先失子、后失妻的悲痛表达出来，一个悲一个苦，便是一层一层加深那份悲痛。"秾丽今何在，飘零事已空。沉沉无问处，千载谢东风。"其中一句"飘零事已空"，便能让人想到李煜失魂落魄的模样。往事成空，物是人非，那些欢乐的过往已不再，心中那份空虚之感也早已不知用何词来形容。他就好像白居易《长恨歌》中的李隆基一般，渴望寻到大周后，哪怕是虚无缥缈也无所谓。或许他真的派人去寻过吧，只是没有三郎幸运，还能寻到玉环。李煜却再也没能见到妻儿，就好像往事不曾发生一般，两人便这样消失了。

法国作家雨果曾写下一首《明天，拂晓》来怀念自己的小女儿，他说："独自一人，无人知晓，弓着腰，双手交叉在胸前，当我心怀忧伤，白天也如黑夜一般。"他渴望永远陪伴在女儿身边，可是女儿突遇风暴而沉入大海，他措手不及，却无能为力。只是心中对女儿的怀念，却越来越浓烈，所以他才会说："当我心怀忧伤，白天也如黑夜一般。"想念着你时，黑夜白昼都无法分别，因为没有你的日子白日也是黑夜。李煜又何尝不是这样呢？在妻儿相继离世之后，他的世界便彻底崩塌，眼前的一切都是灰蒙蒙的没有色彩。

人敌不过的最大敌人便是死亡，无法阻挡的也是死亡。这是我们所无能为力的，谁又会愿意离开这繁华的世间，更何况正值青春年华的娥皇。她怎么舍得离去，可是她本就病重的身体又怎么承受得了仲宣的离去？仲宣的逝去是意外，却又是无可奈何，只是也因此加快了娥皇离世的时间。让她带着遗憾与伤痛离开这美丽的尘世，她是不愿的。

从仲宣离世开始，便也加速了南唐的灭亡，只是李煜又如何知道。对于他，这时是他活到此时，一生中最难熬的时日，也是他自认为迈不过去的坎儿。

第三节　又见桐花发旧枝，一楼烟雨暮凄凄

《感怀》其一

又见桐花发旧枝，一楼烟雨暮凄凄。

凭阑惆怅人谁会，不觉清然泪眼低。

《感怀》其二

层城无复见娇姿，佳节缠哀不自持。

空有当年旧烟月，芙蓉城上哭蛾眉。

阴阳相隔是最痛苦的相思，她再也收不到他的相思信笺，他也得不到她的回应。即便他每夜都会梦见她，却也于事无补，一切都回不来了，过去的早已成了尘埃，也就成了回不去的往事。

娥皇也是如此，将李煜一人独自留在人间，留给他一生的牵挂与亏欠。与娥皇在一起的时光是李煜最快乐的日子，

她不仅是他的爱人还是他孩子的母亲，更是他的红颜知己。李煜虽是皇帝，但真正恩宠的只有大小周后，而他唯一长大成人的儿子也是大周后娥皇所生。所以对于李煜来说，娥皇是他这一生中最难舍难分的女子，而她又恰巧走得这么早，走得这么决绝。在这花样年华里，便将他一人抛下，独自离去。这样的伤痛是李煜无法抚平的，即便后来亡国，他依旧无法忘怀与大周后的一切。而娥皇的离世也是李煜人生的转折点，他这一生的苦难也正从此开始。

　　大周后去世之后，李煜看着月亮会想念她，看着花开花落会想念她，看到满是尘埃的化妆匣子会想念她，看到她的画像更会想念她，看到这世间的一切，李煜都会想起娥皇。于是便有了这两首《感怀》，每一句都是他发自肺腑的怀念与伤痛。

　　"又见桐花发旧枝，一楼烟雨暮凄凄。"其中"桐花"是指梧桐的花。桐花是清明节的节花，常表示乡愁、相思以及祭祀等含义。白居易在诗中就曾多次提及，一言："忽见紫桐花怅望，下邽明日是清明。"又言："月下何所有，一树紫桐花。桐花半落时，复道正相思。殷勤书背后，兼寄桐花诗。桐花诗八韵，思绪一何深。以我今朝意，忆君此夜心。"第一句是用见桐花便知清明时分已至，而第二首是用桐花来表达相思之情。托相思于桐花之上，所以最后说道："以我今朝意，忆君此夜心。"

　　梧桐本就有寂寥之意，每至梧桐落叶时节便也是深秋时分。而桐花是清明时分绽放的，便也是开在春季。此时正逢江南烟雨朦胧之际，四处都弥漫着蒙蒙细雨，便也真正印证了"清明时节雨纷纷，路上行人欲断魂"的句子。清明时分，发旧支的桐花与朦胧的烟雨，便为清明本身的寂寥又添了几分。而李煜这句"又见桐花发旧枝，一楼烟雨暮凄凄"，"又见"与"发旧支"，更让人想起过往的岁月，走进回忆的长河。而后面的烟雨暮凄凄，更是将细雨纷纷之景描绘出来，又用"暮"与"凄凄"二字将心中的凄凉落寞写出。

"寻寻觅觅，冷冷清清，凄凄惨惨戚戚。"李清照便是在丈夫赵明诚逝世之后写下的这句凄凉之语，来表达对他的怀念。易安仅仅用一句话，便将所有的悲切表达出来，使得心中的悲愤呼之欲出。明明写得很明了，却又让人觉得读之余味无穷，不愿舍弃。在风雨之中找寻，不知伊人在何方，却依旧不顾千山万水的寻找。李煜这句"一楼烟雨暮凄凄"中的凄凄也有几分这样的味道。李煜与李清照可谓同是天涯沦落人，相似的经历，让他们的情感也十分相似。

"凭阑惆怅人谁会，不觉潸然泪眼低。"江南清明时分，江上烟雨蒙蒙，岸边的梧桐又开花了，此情此景谁人见了又能不流泪？这首诗应当作于娥皇去世后的第一个春天，此时李煜刚刚过完新年，又遇寒食节，心中的惆怅又如何能消除，只会徒添烦闷。

新春佳节，本应是一家人团聚，可此刻李煜刚刚丧子又失妻，本是阖家欢乐的节日便也没有了快乐。结彩的灯笼再好看又有何用？曾经陪他一起赏景的人不在了，只留下他孑然一身面对这些喜庆的大红色，不过是在悲痛中越陷越深。国家已经开始有危难，对于李煜来说，这是一件致命的事件，这也让李煜对佛的信念又虔诚了一些。可他越是信佛越是仁慈，越是沉迷，越是不知对与错。李煜信佛，有许多时候，我甚至觉得这只不过是他自我逃避的一种方式罢了。当初，兄长与叔父争夺皇位之时，他因害怕而渴望归隐之时，也念佛。他的前半生看似过得潇洒，也许并不似我们看到的这番，李煜的心中有许多矛盾的地方，在让他左右为难。

第二首，"空有当年旧烟月，芙蓉城上哭蛾眉"。李煜说，徒有当年的烟花月亮，如今是景依旧在人却不在了，如此只能芙蓉城上哭蛾眉来宣泄心中的苦涩。难以言明的伤痛，让李煜悲痛的心情无法平复。这一切又能如何，不过是过眼云烟罢了。

历史上的悼亡诗不少，李煜这几首甚至都未能流传开来，这或许是亡国后的词作相比前面所作的有着颠覆性的影响，才使得这些诗词相形见绌。北宋词人贺铸作过一首《鹧鸪天》："重过阊门万事非。同来何事不同归？梧桐半死清霜后，头白鸳鸯失伴飞。原上草，露初晞。旧栖新垅两依依。空床卧听南窗雨，谁复挑灯夜补衣。"

这一首词中第一句便是"重过阊门万事非。同来何事不同归？"再次来到苏州这座江南小城，美景依旧却物是人非。我们一同到达此地，却不能一同回家。而后将自己比作被霜打的梧桐半死半生，又好像白头失伴的鸳鸯孤独倦飞。贺铸这首词的上阕便让人看到了一个失去妻子的男子，他故地重游黯然神伤。伴侣的逝世，让他觉得自己就好像苟延残喘，独自一人苟活在这世间。孤苦伶仃，是多么的悲惨。最后又说道独自一人睡在空荡荡的床上听着雨声，想起以后再也没有人在夜里挑灯为自己补衣裳了。补衣裳是一件十分细小的活儿，也是妻子平日里常干的活儿，却也正是一件平常的事，才让人感到他对妻子的思念是无所不在。没有什么能让他脱离这份思念，心中的伤痛也是不言而喻的，这与李煜的情感何其相似！

李煜与大周后不是平凡夫妻，从来没有缝缝补补这样的事件，但对李煜来说能让他想起娥皇的事物太多，太多。他是一国之君，即便政治上的抱负几乎为零，可是他是一个关心子民的皇帝，他不能随娥皇而去，若是可以，我想他一定不会犹豫。最孤单的感觉便是，身边有着成千上万的人，可他却觉得无依无靠。当他累了倦了，受到委屈的时候，没有一个温暖的怀抱等着他，没有人在黑夜里为他彻夜难眠。过去那些嬉笑怒骂的场景也不再有，娥皇的舞姿也不会再现。娥皇去世了，这世间对于李煜来说，便再也没有懂他的人，没有一个照顾他的人。

曾经有多欢喜，有多少快乐，如今便有多痛苦，这或许便是命运的造化。李煜对娥皇的思念，是无法消除的羁绊，最后成了他的心魔。日复一日，年复一年，娥皇离开的时间越来越长，李煜对她的思念也渐渐由浓转为淡，又转为永久的怀念。往后的日子里，每逢清明时节，李煜又如何能不想起她？娥皇留下的所有痕迹都是思念的源头，哪怕只是只言片语。

第四节　谁料花前后，蛾眉却不全

《梅花二首》其一

殷勤移植地，曲槛小栏边。

共约重芳日，还忧不盛妍。

阻风开步障，乘月溉寒泉。

谁料花前后，蛾眉却不全。

《梅花二首》其二

失却烟花主，东君自不知。

清香更何用，犹发去年枝。

　　梅花属于梅兰竹菊四君子之一，也是古人常常拿来作诗词的一物。李煜这两首梅花与王安石的"墙角数枝梅，凌寒独自开。遥知不是雪，为有暗香来"以及陆游的"零落成泥碾作尘，只有香如故"所吟诵的梅花不同，他们写的梅花是高洁而高贵的，李煜这里的梅花却是相思之物。当然这里所说的相思之物并不是像红豆一样代表了相思，只是见物如见人。《全唐诗》中有记载："李后主尝与周后移植梅花于瑶光殿之西，及花时，而后已殂，因成诗见意。"

大周后本就是兰心蕙质的女子，种花种草这样雅致的事，她自然是欢喜的。如今大周后与李煜一起种下的梅花开了，可娥皇却已离开了人世。娥皇逝世于乾德二年十一月，梅花在腊月时节开放，便这样错过了花期。这两首诗，李煜都在说自己与娥皇移植梅花，共同相约一起赏花开之景，如今却落得"谁料花前后，蛾眉却不全"。花开得如此灿烂，只是那个与他相约的人不在了。梅花的盛开引发了李煜对娥皇深深的思念，就好像崔护望着如去年相同的桃花忆起往昔一般，景色依旧只是心上人却已不见。

人对于生死与爱情往往显得无能为力。你爱的人不爱你，那是无法控制的。而生死更是如此，一秒之差便是生死相隔，再也无缘共白头，无分长相守。人总是问，永远是多远？或许是地老天荒，或许是海枯石烂，又或许是遥遥无期，这无人知晓。本是说好了一同相守到老，可娥皇却先走了，留下李煜孤独一人在人间徘徊。当心中的那个人离开人世之时，他的心便也被抽走了一部分。

归有光为逝去的妻子种植枇杷树，唐伯虎为妻子种下桃花林，而李煜也为娥皇种下了梅花。在《项脊轩志》的结尾，归有光说道："庭有枇杷树，吾妻死之年所手植也，今已亭亭如盖矣。"前文诉说了那么多的故事与情景，可最后这句却是最深情。简简单单三句话，却让人看透了他孤独无助的心。如今庭院里的枇杷树已是亭亭玉立，郁郁葱葱，遥想起曾经，它还是一株小苗，而那一年是妻子逝去的第一年，那一年他的心便也随着妻子走失在了这人间。

世人都说唐寅是才子，更是与祝枝山等人一起被称为"江南四大才子"。在周星驰演的《唐伯虎点秋香》里，唐伯虎的角色可以说是欢快而洒脱的。只是历史上真正的唐伯虎，若是能学会那般洒脱又如何会活得那般辛苦。不知是不是天妒英才，还是那些才华横溢的人总是命途多舛，多灾多难。他最著名的那首《桃花庵歌》中，提及了种桃花。也不知他是为何而种，不过我倾向于那是他为亡妻所种。古时候的故事有许多早已分不清真假与虚实，我只当他是一位痴心之人，仅此而已。

李煜与娥皇所种的梅花就在瑶光殿的边上，而瑶光殿则是娥皇生前生活的宫殿。李煜睹物思人，又在宫殿前徘徊，一时之间，物是人非事事休的惆怅充斥着他整个胸膛。花开的如此繁盛，本是高洁傲雪的花，此刻却添上了伤痛的色彩。

陆游与唐婉的故事，总是让人扼腕。两人不论情有多深，却终究敌不过父母，也抵不过这世间。分别后的再次重逢陆游与唐婉分别作了一首《钗头凤》："红酥手，黄縢酒，满城春色宫墙柳。东风恶，欢情薄。一怀愁绪，几年离索。错、错、错。春如旧，人空瘦，泪痕红浥鲛绡透。桃花落，闲池阁。山盟虽在，锦书难托。莫、莫、莫！""世情薄，人情恶，雨送黄昏花易落。晓风干，泪痕残。欲笺心事，独语斜阑。难，难，难！人成各，今非昨，病魂常似秋千索。角声寒，夜阑珊。怕人寻问，咽泪装欢。瞒，瞒，瞒！"

往事不堪回首，分离的时光里每一秒都在想念对方。如今再次相遇在沈园，俩人心中的千言万语化作了伤心泪，嘴多次张开却又哽咽着说不出话来。错过的青春，错过的人，又怎么追得回？那年的海誓山盟仍在，只是人却不再是眼前人。而陆游与唐婉又怎知，这一次沈园的分别竟成了阴阳相隔，再也没有机会相见？唐婉在自己的爱情里，香消玉殒，陆游则带着那些回忆独留在人间。

陆游四十六岁，遇见重阳佳节，想起从前与唐婉赏菊的情景，写下一首诗；陆游六十三岁时想起唐婉作下一首悼念诗；六十八岁那年再次重游沈园，睹物思人再次为唐婉写下诗一首；陆游七十五岁时，唐婉已离世四十余年，他又重归沈园，老泪纵横写下诗作两首；陆游八十一岁时，梦见自己重游沈园，恍惚之间，忘记了时间，只记得那里没有了伊人，作诗一首；陆游八十四岁，最后一次游沈园，为唐婉写下最后一首《春游》，便带着对唐婉的思念离开了人间。

"沈家园里花如锦，半是当年识放翁。也信美人终作土，不堪幽梦太匆匆。"短短四句便也浓缩了陆游对唐婉的爱恋，这个女子他一生都未能放下，一生都未能忘却。这份深情与李煜是一样的，娥皇之后便再没有一个女子能让他如此深情对待。小周后是不同的，她是娥皇的妹妹，多多少少有些娥皇的影子与娥皇的原因，这与其他的女子是不同的。

　　一生牵挂的女子，能有几人？男子与女子一样都有痴情人，唐婉是在思念陆游的路上将自己葬送，黛玉又何尝不是？人的相思是最无法控制的情感，说不想念，心中却越发想念。尤其是当斯人已逝，当美人不再，伊人消逝之时。如风的往事吹散了那些想念，最后只能魂归梦里，去寻找曾经相爱的点滴。梦中的人是你永远无法企及的，她是真的亦不是真的。也不论你如何想念，如何用心祈祷，离开的人仍旧不会再回来。

　　或许人总归逃不开一个情字，有多少人为情堕了魔，又有多少人为情不顾生死。再美的景色，没有了当年的人，便也变得失了颜色，淡了味道。所以李煜看着那些梅花说："清香更何用，犹发去年枝。"李煜的词总给人一种无法描绘的细腻感，也带着他人所无法企及的温柔。每一句每一词都能让人为之动情，他的痛便也成了读者的痛。

　　前面写了那么多离别的诗词，痛苦是由心而发，每一位诗人面对离别似乎都会诗兴大发，让自己克制不住的相思与痴狂。当伊人已然逝去，那份思念便也越发痴狂，或许是因为一想到她再也无法与自己相见心中便是一阵刺痛。没有人抵得住狂欢后的寂寥，幸福后的死寂，更没有人能承受这样的离别。心口的撕心裂肺让他无法自由呼吸，甚至忘记了曾经，只记得她暖暖的笑容，娇美的容颜，婀娜的身段，甜美的声音，还有浓浓的爱意。而他，只能看着她，触碰不到，就这样呆呆地望着。

第五节　天香留凤尾，馀暖在檀槽

《书琵琶背》

侁自肩如削，难胜数缕绦。

天香留凤尾，馀暖在檀槽。

　　两个人的相遇相知相守需要缘与分，缺一不可。年华易逝，谁又能留得住这世间的时间。多么渴望它慢一些，再慢一些，却终究敌不过时间的齿轮。红颜知己、一见钟情与白头偕老，三件事都是千载难逢的。有多少人爱上了不爱他的人，又有多少人在岁月的围墙里等待着一个不可能的人。或许大周后是幸运的，欢快的日子她恰好遇见，那些悲惨的岁月却刚好躲开。又或许是不幸的，每一对相爱的人，最盼望的便是与之白头偕老，与他共渡难关，与他在劫后余生里相依为命，可她偏偏错过了。

　　娥皇的琴艺是得到了李璟认可的，为此李璟赠送了檀槽琵琶予她，那也是大周后十分喜爱之物。当她知自己时日不多时，她恳求李煜将这琵琶与她一同下葬。而这一首诗，与《梅花》一样，触景生情，睹物思人。这檀槽琵琶便也成了娥皇的代表，它的存在就是不断地提醒着李煜，娥皇曾经来过。

空荡荡的瑶光殿没有了往日的热闹，反而是添了许多寒意。桌上的匣子已落了尘埃，殿边的梅花也已开放，架子上的檀槽琵琶安静地躺在那里。没有了娥皇每日的拨动，它似乎失去了光彩，变得黯淡无光，音色也不再那么动听，反而有些沙哑，不知是不是大周后不在的原因，琵琶的光辉似乎也被带走了。整个瑶光殿就这样沉寂了，只有李煜一人每日在里面，漫无目的地走着，似乎是害怕错过娥皇留下的任何痕迹与气息。

古代一般的家庭都会妻妾成群，更别说皇帝，那更是拥有三宫六院无数的妃嫔。在杜牧的《阿房宫赋》中就曾提及秦始皇的后宫"一肌一容，尽态极妍，缦立远视，而望幸焉；有不得见者，三十六年"。这样貌美的女子，终是一生都在等待召唤，而这一盼便是一生的光景。李煜的后宫似乎没有这么庞大，大小周后对他的影响实在太大，甚至让他的心中容不下其他女子。他会为其他的女子作诗写词，却不会对她们动感情。大周后的离去，便也让他的心如抽丝剥茧一般绞痛。

汉武帝刘彻、汉光武帝刘秀、唐玄宗李隆基、清世祖福临都是历史上数一数二的多情帝王，这其中最专一的或许是福临，而其余的三位甚至无法与李煜相比。许多人说李煜是多情之人，也是滥情之人，在妻子重病之际与小周后私会，是何等羞耻的背叛。可是，至少李煜做到了两不辜负，而唐玄宗却未能。梅妃与玉环，他两个都爱，却两个都因痴情于他而命丧黄泉。而古代的一夫多妻制度，也很好地为李煜说明了一切。

悼亡诗词中较为著名的一首便是《离思》："曾经沧海难为水，除却巫山不是云。取次花丛懒回顾，半缘修道半缘君。"这也是元稹最著名的诗句，每一句都扣人心弦，让人读之而悲从中来。这是韦丛去世之后元稹怀念她时所写，一句"曾经沧海难为水"，不知让多少人心碎。让人就好像身临其境，感受到元稹从心底而发的悲痛。元稹为韦丛所写的悼亡诗《离思》共有五首，《遣悲怀》三首。上面所附是《离思》中最经典的一首，而《遣悲怀》中最为著名的便是"闲坐悲君亦自悲，百年都是几多时。邓攸无子寻知命，潘岳悼亡犹费词。同穴窅冥何所望，他生缘会更难期。惟将终夜长开眼，报答平生未展眉。"

元稹的一生有过六个女子，而韦丛却是与他度过最苦日子的发妻。韦丛嫁给元稹之后，丝毫不愿怠慢自己的丈夫，她每日每夜所想的不过是希望元稹过得好一些。这样一个贤惠的女子，却敌不过天命，年仅二十七便成了黄土。他们的日子过得太清苦，使得韦丛总是为他们的生计而发愁，元稹才会说"平生未展眉"。而元稹对于韦丛所有的付出，也自知无以为报，便写下了最动人的那句"惟将终夜长开眼，报答平生未展眉"。

李煜的深情不比元稹少，在大周后去世之后，不仅写了许多诗作怀念她，更是为她写了《昭惠周后诔》。其中写道："昔我新婚，燕尔情好。媒无劳辞，筮无违报。归妹邀终，咸爻协兆。俯仰同心，绸缪是道。执子之手，与子偕老。今也如何，不终往告？呜呼哀哉。"李煜回忆着当年初次相见时便一见钟情，彼此也就认定了对方，心中的情甚至无法掩藏，也无须媒人为他们做媒。他们本就是相爱相知，又何须媒人来劝说。"归妹"卦说李煜与娥皇会白头偕老，"咸"卦也表达了相同的意思。都说两人会白头偕老，相守一生，如今却又为何会是这般？他在心中一遍又一遍地回忆着过往的点点滴滴，初见的娇羞可人，以及最后躺在病床上苍白无力的模样。

最后的岁月里，大周后的脸色日益憔悴，每日说的话越来越少。她再也无能为力谱曲弹琴跳舞，身体每况愈下，却又无可奈何。御医对于她的病也是无能为力，而李煜更是只能眼睁睁地看着她一步一步迈向死亡。那些岁月里娥皇落着泪，诉说着自己不愿离去的心愿，想念着自己的孩儿，留恋着这人间的一切。只可惜天妒红颜，娥皇便在千万般不舍之中离开了人世。

浮生若梦，人间这一趟娥皇走得有些恍惚，还没享尽这世间的美好，还没看尽这花开花落，还没读懂这情爱，却先失去了一切。每一段情的落幕都会让人潸然泪下，即便已过千年，我们依旧能感受到李煜对大周后那份深沉的爱恋。承诺那么重，誓言那么美，回忆那么甜，怎么就会落到如此田地？李煜不明白，大周后也不明白。仲宣的意外本就是对李煜的惩罚，只是他怎么也想不到，上天对他的惩罚不止如此。当大周后随着仲宣一起去了的时候，他便失去了方向，不知道自己究竟做错了什么，才会如此悲痛。那一年的除夕之夜，他孤苦伶仃，那一年的花烛之中他孑然一身。

月光下，李煜的影子是那般凄凉清冷，或许他也想邀明月一起共饮，只是最后却苦涩地笑了，然后自己摇着头，颠颠倒倒地走在庭院里，看着月亮癫狂地笑。

第六节　自从双鬓斑斑白，不学安仁却自惊

《九月十日偶书》

晚雨秋阴酒乍醒，感时心绪杳难平。

黄花冷落不成艳，红叶飕飗竟鼓声。

背世返能厌俗态，偶缘犹未忘多情。

自从双鬓斑斑白，不学安仁却自惊。

一眨眼已是秋天，走过了春天的色彩斑斓、春意盎然，又路过了热情似火的夏日，转而到了这萧索的秋天。一年四季中最让人心绪难平的便是秋，它有着独特的力量，让人陷入它的寂寥之中。

阴雨绵绵的傍晚，天空都是灰色的，没有一丝光线，没有一丝明亮。有人说，一天之中最黑的时候是黎明之前，称为黎明前的黑暗。不过黄昏时分的灰蒙蒙，却是最落寞的时分。昨夜对灯饮酒，恍惚之间，李煜似乎看见了娥皇。她正

在跳着霓裳舞，摇曳的身姿，含情脉脉的双眸，不禁让人看呆了。娥皇似乎在呼唤着李煜，他醉眼蒙胧之间，便向前扑了上去，谁料竟是一场空。李煜望着自己略过娥皇的双手，再环顾四周这里哪还有娥皇。一切都是梦，是虚幻的缥缈的梦，那一刻，他感到自己被无情地打压。心中的痛苦难以诉说，也难以消散。

庭院里的菊花已凋落，没有了盛开时的灿烂，充斥着一种衰败。枫叶也随风而摆动，那声音竟然似鼓声。如今才九月十日，怎么就如此凄凉。李煜形单影只站在台阶上，捧着一壶酒，望着眼前坠落在地上的菊花，以及飘荡在空中的雨滴，还有那耳边仍旧是风雨拍打枫叶的声响。飘落进来的雨水，将他的衣裳打湿，身旁的宫女太监正在他的身后祈求他进屋，别受了风寒。可是心中的惆怅与烦乱，让他甚至想要离开这世间，他想要逃，逃离这一切苦难。

全诗最点明心态的便是"背世返能厌俗态，偶缘犹未忘多情"。面对仲宣的意外，娥皇的逝世，以及整个南唐风雨飘摇，他的心一个字"乱"。他想要逃离这俗世，可是又难忘那段情。初遇的情景仍旧在脑海中难以忘记，如今，说要离开，又如何做得到。入凡尘之时，他以为自己拥有的是全世界，什么都不缺。可一转眼，自己又有什么？依然是孑然一身，依然是孤独无依，依然要面对这衰亡的江山。李煜是一个诗人，他不具备治国君王的品质。他在这种困境之中想要逃避，可是他又多情，他难以忘怀，难以放下这俗世的恩爱缠绵。大周后虽然去世了，可是他对她的情却一如初遇时分一般。

最后一句"自从双鬓斑斑白，不学安仁却自惊"。心乱如麻，反反复复，不知应该如何是好。退不行，进亦不行。于是他说，对着镜子看见自己双鬓已斑白，心中却没有任何惊讶。不像潘安那般，三十二岁时看着自己斑白的双鬓而感到诧异。李煜他是不同的，潘安的妻子杨氏去世时他已五十多，而他们也已成婚二十四载。可李煜与大周后呢，哪有这般幸运，大周后去世时不过二十九，而那一年李煜也不过二十八而已。他的诗词在仲宣去世之后，便改了方向。从前写爱情，写的只是那些离别后的思念断肠心碎，可那却不会让人万念俱灰得这般彻底。自从大周后去世之后，他的词风便转变了，变得悲情起来，心中的愁绪变得真实了，深刻了。

说起潘安，那可是古代四大美男之一。潘安的相貌便是古今中外女子最爱的那种容颜，唇红齿白俊俏到妙不可言。这样的男子却又恰巧那么专一，一生只娶一妻，一生只爱一人。虽然未能白头偕老，未能共同走到生命的尽头，却使后人无法去掉他的痴情，无法忽略他的偏执。在一夫多妻的古代，貌若潘安一生却只有一个女子，这是多么令人震撼。妻子去世之后，他的伤心与难过都化作了诗词歌赋。最为著名的一首悼亡词写在亡妻离世的第二年。

"荏苒冬春谢，寒暑忽流易。之子归穷泉，重壤永幽隔。私怀谁克从，淹留亦何益。僶俛恭朝命，回心反初役。望庐思其人，入室想所历。帏屏无髣髴，翰墨有馀迹。流芳未及歇，遗挂犹在壁。怅恍如或存，回惶忡惊惕。如彼翰林鸟，双栖一朝只。如彼游川鱼，比目中路析。春风缘隙来，晨雷承檐滴。寝息何时忘，沈忧日盈积。庶几有时衰，庄缶犹可击。"

一转眼，便是春夏秋冬一个轮回，一年便如白驹过隙一般一晃而过。这是杨氏去世一年之后，潘安为妻子守丧结束即将离家上任时所写。他诉说着自己不愿离家的心情，他多么想陪在亡妻身边而不是去往他乡，只是丧期已满，不能不走。房间里，庭院里，四处都是妻子的影子留下的痕迹。望向天空便见翰林鸟，低头看向小溪便见比目鱼。它们都是成双结对，比翼双飞，只有自己形单影只孤独一人，这份寂寥又有谁人能知。心中的那份忧伤，让他难以割舍，夜晚辗转难眠，白昼又恍恍惚惚。于是他渴望如庄子一般，放下这一切。就让斯人离去，就让这份情随风而去，就让这一切变为一个结点。人生本就是从无到有，从生到死，又从死到生，一切都是轮回，谁也改变不了，又何必伤怀。只不过，情若至深又怎么能忘得了？

"怕相思，已相思，轮到相思没处辞，眉间露一丝。"俞彦不知是在思念何人，只知他词中的女子相思到最后，只得无可奈何。潘安又何尝不是如此，想要忘却，可若是能忘却的便也不会让他挂念这么久。怕就怕一旦动了心，一旦动了情便是万劫不复。本是幸福美满，准备携手共度一生，只是世事难料，谁也无法判断这生死何时为限期。"相思树底说相思"，又如何能排遣这份情？

离去的人一身轻松，只是苦了留下的人，这一世都处于煎熬之中。虽然李煜的后半生有小周后的陪伴，但是为他红袖添香的人换了，那墨的气息也变了。倒不是说小周后不好不美，只是娥皇的地位是无可替代的。是娥皇给了李煜爱的感觉、情的味道，也是她让他尝到了什么叫相思，什么叫爱恋。如今教会他一切的人不在了，唯独留下他一人，他又怎么能不想念，不痛心。

国家早就是动荡不安，宋朝正虎视眈眈地瞅着南唐这一块肥肉。李煜以为只要自己放弃权力便会得到安宁，他以为只要他从心里投降便会得到安稳。百姓不会遭受兵燹之灾，自己也不会亡国。他甘愿俯首称臣，甘愿放弃那些所谓的权势。这也正是他不懂政治才会有的想法，他若是懂哪怕一分，也不会如此懦弱。他的屈服只是强化了赵匡胤取下金陵的决心，赵匡胤如狼似虎，又如何会留它南唐在这世间独存？赵匡胤想要的是统一中原，将南唐收入囊中而南唐也确实是他的囊中之物。

李璟在位时，南唐便已经衰败不堪，李煜的父亲交给他的便不是一个强大的南唐。李璟本就是一个诗人，一个不懂治国的皇帝。而李煜却也从来没有受过任何政治熏陶、军事训练，他只是在父亲的教导下学习了琴棋书画。再加上李煜的性格本就优柔寡断，柔情似水，他不狠也不绝。当国家陷入危机时，他的心便也乱了。大周后的去世早就打破了他的一切幻想，再加上这些外在因素，他的心已经如一团乱麻。

　　一方面在愁苦那些情爱，另一方面又担忧国家，可是不论是哪种他都于事无补。所以他才想要离开这凡尘俗世，只是心中始终放不下这俗世……

第七节　暂时想见，如梦懒思量

《谢新恩》

秦楼不见吹箫女，空余上苑风光。粉英含蕊自低昂。东风恼我，才发一衿香。

琼窗梦留残日，当年得恨何长！碧阑干外映垂杨。暂时想见，如梦懒思量。

心中的弦不知被谁拨动，那份情便也随之波澜起伏。这样阳光明媚安静的午后，我望着窗外被风吹起的树叶，也陷入了沉思。

曾几何时，我也曾思念入怀，将一个人挂在心间。每一日，睡梦中醒来都是他的微笑，晚间睡去依然是他的脸庞，连梦里都是他的模样。可是有一种相思唤作单相思，这份思念是不能言的。最苦的便是那份压抑在心中不能吐出的情意，每次看到他都会忍不住心悸。望向他的双眸是炙热的，可是当他与我四目相对的那一瞬，我便如静止一般呆住了，他的双眸深邃而明亮，那里好像有另一个世界。可只是一瞬，我便惊慌地挪开了双眼。双颊发红发热，久久难以消除。那样的少年就如这午日的阳光一般，明媚，充满活力，充斥着吸引力。

星星闪烁的夜晚，会让自己对他的思念越来越浓，或许是月儿太亮唤起了人们心中的思念，又或许只是想得太多不自觉入了魔。每一个人的生命里，都应会遇见一个人。这个人与众不同，只要他出现，你的世界从此便再也难容他人。

在爱情故事里，起承转合是大家最爱看的剧情，却很少有人能承受得起那份前后的落差。不是每一对相爱的人都会相守，不是每一对相爱的人都会在一起。而单相思，便也是其中最难熬的。郭襄与杨过，以及郭襄与张三丰都是两段无疾而终的单相思。郭襄喜欢上杨过的年纪怕是与张三丰爱上郭襄的年纪相仿，正是豆蔻年华，春潮如柳絮一般飘飞在空中。当她的眼里藏下杨过之后，便再也无法瞧见别的人。就好像游坦之之于阿紫一般，萧峰的光芒太强，不论游坦之多么痴心，阿紫的心都不属于他。

许多人都说阿紫心狠手辣，可我说，她只是爱错了方法。金庸大侠是喜爱阿紫这个角色的，他出游欧洲时曾让倪匡执笔写《天龙八部》，当时还一再强调切记别写死了阿紫，于是倪匡写瞎了阿紫。阿紫的一生那么短暂，却又那么璀璨。她因为不像阿朱，所以萧峰不喜欢她，萧峰对自己说照顾她是为了阿朱。而对于阿紫来说，这又是多么大的笑话。她也不愿意的，她也渴望成为一个天真无邪的少女，过着平淡的生活，与相爱的人携手白头。只是，她在丁春秋的身边长大，若是不毒怕是活不到遇见萧峰的年纪。这又怎么能怪她呢？阿紫不过是错过了时间，又爱错了人。情是最难定义错与对的，不是爱情是错误的，只是那一段情于她而言是错误的。

　　痴念着那个人，当她不见的时候，便会发现曾经觉得那般有意义的事，也会变得索然无味。纸醉金迷的生活是李煜最喜欢的，也是他曾经最沉迷的，可如今娥皇不在了，那种欢乐便也跟着消散。窗外的花开得那般好，粉色的花瓣，金黄色的花蕊。可是无人相伴与他一同观赏，再美又如何？怕是连东风都恼怒于他吧，不然花怎么会只开了一半。

　　就这样依靠在窗台上观看着外面的花，怎料进了梦乡。每一日的思念，换来梦中的欢愉。仿佛回到从前，娥皇跳舞李煜抚琴，娥皇斟酒李煜饮酒，娥皇研墨李煜作词。梦里的一切都是那般真实美好，忽然一阵风吹来有些凉意，竟将他吹醒了。此时已是夕阳西下，而梦也破碎了。正是那"此情可待成追忆，只是当时已惘然"的心情，浮生若梦。她来过，她又走了，除了在李煜的心中留下了不可磨灭的痕迹，什么也没有带走。

　　李煜这首词与李商隐的那首《锦瑟》的情感十分相似："锦瑟无端五十弦，一弦一柱思华年。庄生晓梦迷蝴蝶，望帝春心托杜鹃。沧海月明珠有泪，蓝田日暖玉生烟。此情可待成追忆，只是当时已惘然。"当往事成风，当过往烟消云散，当爱人成了黄土，当情已成了一个人的事，当……这一切又要如何收场？

李煜这首词上阕中"秦楼不见吹箫女，空余上苑风光。粉英含蕊自低昂"，将曾经与大周后一起时最爱的事与物点出，再与如今所观看之感相对比，形成截然不同的感觉。让曾经沉迷的那些变得百无聊赖，没有了趣味，毕竟人不在了只是形单影只的一个人又有什么可观赏的？当一个人习惯了什么都要分享给对方，而有一天她突然就不在了，再也不会回来了。心中的空虚是无与伦比的，而那空洞也是填补不回来的。

"东风恼我，才发一衿香。"这一句十分生动形象，将东风拟人化，李煜因为大周后逝世而对那些花草琴棋索然无味，将所有的错误都抛给东风，让它来承担一切，说东风不理解他心中的愁绪，居然只开一半的花来让他更加压抑。这与"春心莫共花争发，一寸相思一寸灰"有着类似的情感，只是李煜这个"恼"字，当真是用得恰到好处。

"琼窗梦回留残月，当年得恨何长！碧阑干外映垂杨。"讲述完自己所见所听之物与从前相对比之外，还讲述梦中与现实的比较。第一种的对比是增添愁绪，而第二种则创造了新的愁绪。梦与现实的落差，往往会让人前一秒感到梦的真实，下一秒又被拉回现实面对不愿面对的那些事。李煜也是如此，梦中与大周后相会的情景还历历在目，恍惚之间，他以为娥皇还在。可是风一吹，人醒了，梦也醒了，他便会瞬间陷入绝望之中。

最后"暂时想见，如梦懒思量"，既然如此，不如不思量算了。以此来告诫自己劝阻自己，别再想了，别在念了，越想越沉迷，越想思念越浓。不如就放手吧，让往事成为过往，让思绪随风而散，随它而去，不是也很好吗？

只是也正如苏轼所说："十年生死两茫茫，不思量，自难忘。"虽说压抑自己不去思量，不去痴心妄想，但是又怎么可能忘怀。无法忘怀的情，伴着一个不可能再回来的人，便成了不可能的结局。

第六章

空持罗带,
回首恨依依

第一节　别巷寂寥人散后，望残烟草低迷

《临江仙》

　　樱桃落尽春归去，蝶翻金粉双飞。子规啼月小楼西，玉
钩罗幕，惆怅暮烟垂。

　　别巷寂寥人散后，望残烟草低迷。炉香闲袅凤凰儿，空
持罗带，回首恨依依。

　　五代十国的历史错综复杂，一国的盛衰兴亡也不过是
一瞬之间。四处都是虎视眈眈的人，四处都是潜在的敌人。
每一步都如履薄冰，李煜心中的慌乱是无法描绘的。从前五
代十国这段我几乎一点儿都不知道，甚至分不清它是在唐朝
前还是在唐朝后，甚至把魏晋南北朝与五代十国混淆在了一
起，而让我记住这个时代的便是李煜。

　　李煜是这一时代里最没有军事才能的人，甚至在别人眼
里他就是个懦夫。他与柴荣等人是无法比拟的，让他脱颖而

出的便是他的词。亲眼看着自己祖父建立的王朝倒在自己手里，心里的苦涩怕也是别人所不知的。最幸运的亡国皇帝是被一刀结果性命，又或者如刘禅一样对一切无所谓反而过得安稳。最痛苦的亡国之君便是李煜这样的，没有能力保卫国家，却又关爱子民，偏偏还是一个细腻的诗人。他的内心是复杂的，亡国之后赵匡胤没有杀他只是将他囚禁起来，封为违命侯。

一个风情万种的诗人，一个曾经过着歌舞笙箫生活的帝王，一个内心细腻容易被触动的男子。他看着金陵城被攻破，却也只能眼睁睁地看着他的王国走向末日，他在亡国后写下的每一首词都好像内心在泣血。他心中有多伤，他的词就有多伤。这也便是后人都记住了"问君能有几多愁，恰似一江春水向东流"，却没有记住"烂嚼红茸，笑向檀郎唾"的原因。一个人的情感迸发需要一个契机，而李煜先是经历丧子丧妻而后亡国，他的情感也在这之中得到一次又一次的升华，心中的悲愤痛苦愤懑也开始越积越深。一首词想要走进你的心里，首先便是词人的那份情，你感受到了。不论是多情、无情还是相思或者是亡国的悲痛，你都会感受到。

这一首词，写在亡国后的第二年春。开宝八年（975），十一月，宋太祖赵匡胤攻破金陵城，李煜投降，南唐灭亡，这一年他三十九岁。次年春天，李煜已被押送到宋都汴梁，这一首词便是在汴梁所写的。昔日的高床软枕，皇宫生活就这样结束了，如今正是春季，可李煜的心中感受不到丝毫春天的生机勃勃，他只觉得心中有一种无法言说的悲凉。几十年岁月只不过是一晃而过，物是人非，望着围困着自己的青砖红瓦，这果真是一个围城。困住了他的人，也困住了他的心，或许他也曾想过若是能死，岂不是一种解脱。事到如今他已经逃不开被世人唾弃，又有何惧。小周后也随着他一起被囚禁在这里，一个如花似玉的姑娘就这样与他一起被困在这里，这一困便是一生。

"樱桃落尽春归去，蝶翻金粉双飞。子规啼月小楼西，玉钩罗幕，惆怅暮烟垂。"上阕用"樱桃落尽"与"子规啼血"两个典故点出了江山社稷已崩塌，国已亡。既点出了时间是春季，却又从樱桃落尽可知春天即将过去，一代王朝的辉煌也即将过去，留下的不过是些许碎片，早已是国破家亡。只是蝴蝶仍旧飞舞着双翅寻欢，丝毫不觉春季的消逝。这句似有点儿"商女不知亡国恨，隔江犹唱《后庭花》。"的味道。国早已破碎不堪，可秦淮河岸边的那些歌女仍旧未察觉，仍旧是寻欢作乐，过着那些荒唐的生活。这也是李煜与陈叔宝所不同之处，都是亡国之君，都是纵情声色之人。但李煜亡国之后只觉得心中痛苦，无法放开自己去做那些违背他良心之事。

亡国之君大多是可恨的，比如胡亥的杀戮，刘禅的无能，陈叔宝的荒谬。李煜却是与众不同的，他不会给人那种恨意，相反只是觉得他可怜。他的可怜是真实而不虚假的，让人丝毫恨不起来。同样的亡国之君还有崇祯，不得不说这些亡国皇帝里崇祯皇帝也算是其中最努力治国的，最渴望力挽狂澜的。他最大的错误是处死了袁崇焕，可是他的努力却是不可消除的。他即位之时，国家便已经内忧外患，他处死袁崇焕也不过是加速了明朝的灭亡。内有魏忠贤等奸佞小人，外有后金虎视眈眈，而长年累月的积累已经导致民不聊生。这三大敌人，并不是一时半会能解决的，纵使崇祯使尽全身力量，依旧改不了亡国的命运。或许是造化弄人，最后也只能落得个煤山自尽。之所以说与李煜有些相似，只不过是因两人的亡国都是无法改变的结局，并不是因两人过于荒诞而致。

李煜不适合当皇帝，可是李煜不适合，除李煜之外的几个又谁适合呢？

李璟本就不是一个合格的皇帝，他所钟爱的便是那些诗文。李煜之所以深得李璟的喜爱便也只是如此，父子的爱好如此相似，就好像一对知己一般，谈天说地。李煜这个亡国罪名其实应该落在李璟身上，而明朝或许也真的不能怪朱由检。人生有许多事本就是无法预料，也无法逃避。多少人渴望生在帝王家，可生在帝王家的又有多少人渴望自己不过是一个平凡之人。皇宫就好像一座围城，"外面的人想进去，里面的人想出来"。皇宫里的钩心斗角，想要活着都是一件艰难之事。李煜便是如此，他想要活，想要过平淡的生活，可是命运由不得他。

"别巷寂寥人散后，望残烟草低迷。炉香闲袅凤凰儿，空持罗带，回首恨依依。"人散了，国亡了，当曾经那些喧嚣热闹的情景出现在眼前，心里的空虚与寂寥真是无法言喻的。望穿秋水，望断云桥，心中的那份惆怅又要如何处理？

"望残烟草低迷"一个"望"配上"残"再加上"低迷"，让别后的那份寂寥显得更加之深。原本熙熙攘攘的街道，此时却空无一人，对比之下的差距让人无法承受。最后一个"回首恨依依"却也是将自己心中的痛苦点出，回首往事，心中只有满满的恨意，如今的他也开始恨起了曾经的自己。如今身在汴梁孤苦无依，忧思难解，过往的一切都在脑海里放映着，他所悔的或许是很多很多。

崇祯后悔杀了袁崇焕，李煜也同样后悔杀了林仁肇。俩人都是自毁长城，亲自将自己的头颅送给了敌人。自古以来，只要谈打仗，只要有能打的武将在，一个国家便也没有那么容易垮，但一名镇守一国的将军若是被皇帝错杀了，这个国家便也就濒临灭亡。汉朝当时能雄霸中原，让匈奴不敢近身来不就是因为霍去病与卫青两位猛将在吗？岳飞将金人打得如落花流水一般，宋朝才能安稳的扩张边界。尤其是在五代十国这样战乱纷飞的时代，文官或许不管用，可武将却是万万不可少的。

李煜的性格决定了他的判断，他每日都过得有些忧虑，虽然诗词多是繁华的景象，但他的内心却是不平静的。他并不是一个傻子，又如何不知国内的忧虑有多少，又如何不知奸佞小人无处不在。只是没有政治头脑罢了，而处死林仁肇也是他最错误的决定。

午夜梦回之时，不知他是否会梦到大周后，想起那些过往的岁月，想起那曲动人心弦的霓裳舞曲。

第二节　前缘竟何似，谁与问空王

《病中感怀》

憔悴年来甚，萧条益自伤。

风威侵病骨，雨气咽愁肠。

夜鼎唯煎药，朝髭半染霜。

前缘竟何似，谁与问空王。

关于禅，我的第一印象便是六祖慧能，他的那首佛诘不知净化了多少浮躁的心。"菩提本无树，明镜亦非台。本来无一物，何处惹尘埃。"有的人是因为走过了许多红尘岁月，最后因为在红尘中受了伤才踏入空门，只因不愿再想那些凡尘俗世；而有的人是向往着那里的清净与平静，粗茶淡饭又有何不好。不过似乎慧能并不是这两者中的任意一种，他是自愿放下一切杂念，舍弃人生百味，从此五蕴皆空踏入空门。所以他所悟到的禅意比神秀高了一截，当神秀沾沾自喜于自己那首佛诘："身是菩提树，心如明镜台。时时勤拂拭，勿使惹尘埃。"慧能只是各个突破，将神秀的自信一一击败。

禅味其实是一种很难懂的味道，若是懂了便和慧能一般一切皆空。而大多数人只是在寻找禅的路上，真正懂得的也就寥寥无几。散文家林清玄的文，我总能从其中读出淡淡的禅意，不是那种装腔作势的清淡，而是真的。他的文就如慧能的诗一般，让人读了而感到心静，就如流水一般缓慢地流淌而过。也正如他文中所写的，"唯其柔软，我们才能敏感；唯其柔软，我们才能包容；唯其柔软，我们才能精致；也唯其柔软，我们才能超拔自我，在受伤的时候甚至能包容我们的伤口"，这便是这人世间的清净之莲，这朵莲花需要自我修炼去寻找，去探索。

一直觉得，在深山的半山腰的隐蔽之处，建一所小木屋。每一日与鸟为伴，与风为伴。再沏一壶茶，捧一杯茶，便是禅。可我想，是我想错了，归隐与禅是不同的，只是究竟有何不同我却不知。

李煜与禅结缘并不是后天的，而是先天环境所导致的，再加上他避世的性格，自然很喜欢清雅脱俗的禅道。在快乐的时光，禅带给他清淡；在悲痛的时光，禅带给他安定。又是深秋，窗外刮风飘雨，本就满是伤痕的心还未痊愈，身体又病倒了。清晨，当钟声敲响之时，他有些虚弱地披起衣服便来到走廊上散步。即便外面有些风风雨雨，可是空气清新，让人心旷神怡。人的心情总是与天气相随，阴沉的雨天，人的心便也更加阴沉。

"憔悴年来甚，萧条益自伤。"这些年的岁月过得那么艰辛，曾经欢快的宫苑开始变得郁郁寡欢，许多人都满脸愁容没有了昔日的笑脸。瑶光殿外的梅树仍旧是光秃秃的，花开之时已过，如今留下的只有衰败之景。秋风扫落叶，满地的枯叶将人心中的愁送入极点。让人憔悴，为那些逝去的爱人，为那些衰败的景色，为那些混乱的局面而憔悴。可这萧索之景本就是一味毒药，食之无味，却越食陷得越深。最后自己不过是伤痕累累，还需要找一处安全之地舔舐伤口。

"风威侵病骨，雨气咽愁肠。"憔悴使人得了病，这病一半是心病一半是身病。只是那时的医学不发达，没有先进的电子技术，只能是熬中草药，为自己祛除病灶，而实际上有些病灶并不是能祛除的。就好比这心病，从来便是无药可医。"夜鼎唯煎药，朝髭半染霜。"胡子都已被折磨得花白，自己身心所受之伤便也不言而喻。这两句其实有些太过于注重讲述自己的病与悲，让人看到一个陷入泥沼之中无法自拔的帝王。可他又不像帝王，哪个帝王如此脆弱？

只是他是李煜，便与众不同。婉约派四大旗帜分别为"愁宗""别恨""情长""闺语"，其中分别对应着李煜、晏殊、柳永与李清照。其中李煜是"愁宗"，他最让人念念不忘的便是他心中的愁，他血液里的愁绪。都说忧郁的男子更像王子，或许是忧郁的人身上都带有一点儿淡淡的引诱力。李煜的忧愁是由内而发的，字字扣在愁之上。用"侵"与"咽"这样的字眼来表达强风侵入他的柔骨里，语气咽入愁肠，要想入骨，所以动词是"侵"，侵入；而肠是从口入，这里便是"咽"，咽入。而骨是"病骨"，肠是"愁肠"。可谓字字扣人心弦，将自己心中的每一点每一滴痛苦都表达出来，而每一个字都是越读越有趣味。

"前缘竟何似，谁与问空王。"这一句便是体现李煜禅道的。佛总喜欢谈论今世前生，因果轮回。这一辈子的业障是上一辈子所积攒的恶果，而那些福分也是上辈子所积攒的善因。今生的相遇都是上一辈子纠葛的延续，有些人如何分别也无法散场就好像羁绊一样，在你的心中永远无法抹去。许多人都想知道自己的前世究竟是如何样的，才会有今生的我，只是若是懂了，怕也是天机不可泄露。

禅中最让人舒心的便是那份清净，那份世俗给不了的安宁。夏日炎炎下，人们总说，心静自然凉。其实并非没有道理，心是一切的来源。当你压抑、快乐、悲痛之时都来自心，让你所感悟的也是它。所有的诗词都是感情的一种表达形式，毕竟一切景语皆情语。

有人说这一首词是李煜被李弘冀猜忌时躲避现状所写，不过这其中的感情之浓，应当是幼子夭折大周后去世之后，国家岌岌可危之时所写。当皇子时的李煜是李从嘉，他的诗词透露的是那种不如归去的心情，就好比"万顷波中得自由"这样的话语。但这一首诗就好比《九月十日偶书》中所写"背世返能厌俗态，偶缘犹未忘多情"这样的心情。心中悲痛的心情让他备受煎熬，改变不了的结局让他很想离去。但是他也说了"未忘多情"，他忘不了。李煜的善良可以说在皇帝里一枝独秀，皇帝多是心狠手辣，绝不留情。但偏偏李煜的内心是柔软而细腻的，那种悲痛这种病痛，他也只能是问佛问天。其实他可以逃走的，早在很早之前就可以逃走，逃离这一切。

一阵疾风呼啸而过，本就身形单薄的李煜不禁裹住衣服向屋子走去，口中不停地叹息，眼神里的迷惘与忧愁是难以形容的，今夜只能依旧青灯烛影，孤身入眠，或许梦里会别有洞天。

第三节　赖问空门知气味，不然烦恼万涂侵

《病中书事》

病身坚固道情深，宴坐清香思自任。

月照静居唯捣药，门扃幽院只来禽。

庸医懒听词何取，小婢将行力未禁。

赖问空门知气味，不然烦恼万涂侵。

这一首与上一首《病中感怀》写于同一时期，心情固然也是类似的。

诗词中带有禅味的诗人倒是不少，王维、白居易与苏轼都是代表，当然远远不止这些。王维字摩诘，而摩诘本就是佛语，就好像李煜号钟隐居士一般，带着佛语。

"行到水穷处，坐看云起时"是我对王维的印象。这一句诗，也不知为何总是环绕在我的脑海里，似乎忘不了那种淡泊的感觉。那种洒脱许多人一生都学不会，如何走到水的

尽头坐看云起云落。这样的潇洒，怕是无几人能及。苏轼不过是说"人生有味是清欢"，王摩诘的却是更高一筹。苏轼的心中是有愁绪的，有爱恨情愁，还有国家兴亡匹夫有责的爱国心，所以他的心境不够静。王维的这种随心所欲，好像将世间万物看透，看破红尘，望断人间，一心入了禅。

也不知为何，王维这句"行到水穷处，坐看云起时"，我总是将之与黄庭坚的那句"我欲穿花寻路，直入白云深处，浩气展霓虹"相连。不知是不是穿花寻路与白云深处让我似乎看到了一个人间仙境，那里似乎是王摩诘曾经住过的地方。禅似乎都自带仙气，那种缥缈洒脱的感觉也是自带的特性。只是李煜的禅与他们的不同，李煜心中的愁太多了，他总是问佛如何解心中的结，却达不到入禅的境界。李煜渴望得到解脱，从种种愁思与苦难之中解脱，于是他依赖于禅。或许他是对的，只有禅能劈开迷雾让他重见光明。

禅如黑暗里的一盏明灯，点亮着前方之路，禅又如一汪清泉，滋润着人干涸的心。禅就好像一种净化，对人心灵上的净化，忘却那些浮躁的凡尘俗世，忘却那些权力金钱。李煜的心是有些杂乱，为那些责任与悲情所控制，而禅正是这味解药，化解他心中的乱，给他片刻的安宁。

"病身坚固道情深，宴坐清香思自任。"李煜情感太过细腻，他从来都不是无情之人，对于这个国家亦是如此。国家的兴衰都在他的眼里，破败的景象，内忧外患的形势他又怎么会不知，只是他心有余而力不足。心中的苦闷他也无人诉说，如今也因为这些忧虑而得了病，每日都要饮下那苦涩的汤药，多么无奈。药是那么苦，让他难以下咽，可是心里更苦，而那份苦却是忧思难解。国家兴亡是他的责任，其实他又怎么会不知道呢？于是在清冷的夜里独自坐在亭子里，望着远方思索着自己的责任，心中的愁苦又增添了一分。

"月照静居唯捣药，门扃幽院只来禽。"夜色下的庭院被月光笼罩着，这样安静的夜里，辗转难眠。是相思也是愁苦，只好夜间捣药排解自己的苦闷。幽静的院子里有红色的沙果挂满这棵树，为这清冷的月夜添上一抹暖色。一个"静居"一个"幽院"，一个"唯"与一个"只"，意境相似，却又相衬，恰巧将李煜心中的无奈与孤寂表达出来。他是孤独的，这份孤独无人能理解。大周后去世以后便没有了懂他的人，小周后虽然漂亮多才，却始终年龄太小，并不懂得这些是是非非。他的苦闷无人诉说，或许这也是韩熙载多次被打压，又多次放他归来的原因吧。

"庸医懒听词何取，小婢将行力未禁。"对于此情此景，他对自己对国家都已不报太多希望，于是也懒得听取这些说辞。而最后一句"赖问空门知气味，不然烦恼万涂侵"便也是李煜的禅，他所渴望的禅。他的逃避是禅，从李弘冀太子追杀他之时，到最后亡国，每一次他提及禅便是逃避。我不敢说李煜的禅道有多深，他没有王维的潇洒，他甚至也没有白居易的乐观，他有的只有愁绪与逃避。这是他的性格，所以当林仁肇欲先攻宋之时，他否决了。他愿意放弃国号，放弃皇位，他只求安稳，只求百姓安稳，只求赵匡胤放过他。这是他的逃避与胆怯，每当这时，他就渴望入禅寻求片刻安稳。

在白居易的禅里是"自从苦学空门法，销尽平生种种心"，他从禅里得到的不只有逃避，他从最初的逃避到最后将心中的一切忧愁化为乐观与淡然。所以他"销尽平生种种心"，"人言世间何时了，我是人间事了人"，于是他解脱了自己，也平定了内心。只是这些李煜做不到，或许与身份有关，或许与性格有关，总之他做不到。既无法解决国家面临的局面，却又放不下心中的责任与愁苦，无奈又无助。如今虽是身在高位，却孤苦无依，谁又可以依靠？

在避世的山林里，找一方靠近溪流的地方，搭建一个房子。每日在山水花草之间行走，绘下它们呈现的景色，将每日的天空化作水墨的色彩。看着蝴蝶飞过花丛，即兴之时还可作首诗，没有愁绪，只是描绘简单的花草之美。累了还可以躺在绿茵茵的草地上仰望着天空，看云舒云卷，看日升日落，看溪水潺潺，听鸟语依依，闻花香旖旎，感悟自然的宁静。他还可以在黄昏之时，站在山巅身着胜雪的白衣，俯视这世间的一切，将一切美景尽收眼底。春日里的桃花，夏日里的荷花，秋日里的菊花，冬日里的梅花。一年四季，四种味道，四种色彩，体悟自然的空灵，在这里去体悟人生的哲理。生死又何妨，不过是如唐伯虎所言的，"阳间地府俱相似，只当漂泊在异乡"。

一切仿若一场梦，梦醒了，外面的世界依旧是高墙后院，依旧是繁杂而无情。李煜渴望的世界，对于他是不可能的。不如饮下一杯愁酒，在醉梦中来一场与禅的邂逅。

第七章

流水落花春去也，

天上人间

第一节　无奈夜长人不寐，数声和月到帘栊

《捣练子》

深院静，小庭空，断续寒砧断续风。

无奈夜长人不寐，数声和月到帘栊。

四周都是高屋建瓴，只有这一处显得冷冷清清。一个小小的院子，里面只有一口小天井，配上夜晚的宁静，此处应是这繁华街道上的一笔冷色。院子里应当有不少丫鬟仆人，只是在李煜的眼里，此处不过是一个狭小而又破败的小院，只有他独身一人罢了。孤独感与悲凉感油然而生，如今已是违命侯，被囚禁在这小院里，失去了终身自由。外面的世界再也不是他的天下，金陵成了再也回不去的城，也就成了回不去的伤。

"深院静，小庭空。"其中"深院"与"小庭"意思相近，对囚禁自己这座院子的称法。在古诗词中"深院"多

带有一种寂寥孤单之感，还有一份幽怨。谁人不知深院里的人，多是闺中怨妇，心中免不了就是孤寂与忧愁。而李煜此时也如同她们一样，一个"深"字将这院子的感觉变得异常神秘与可怕。后面又用"静"与"空"来形容这院子，那本就有的静谧与空旷也因此显得异常明显。夜深人静，本就是一天之中最为安静之时，偏偏这座院子里静得可怕。空旷无人的院子本就安静，而居住的人也感到孤独惆怅。

晏殊写下一句"一场愁梦酒醒时，斜阳却照深深院。"本就是醉酒之后日思夜想所做的忧愁之梦，梦醒时分却又遇见黄昏，夕阳西斜照在这深院里。每一个字都满是愁绪，满是无奈。而李煜只用了短短六个字，便把深院里的孤寂传达到了每一位读者心中。此时正是夜深人静之时，窗外悄然无声，只有我的思绪在流动，手指在敲打。拉开窗帘，外面不仅静悄悄而且黑漆漆。那一刻，我似乎都感觉到了无助与寂寥。更别说此时的李煜，他本就满怀悲痛，想要宣泄却无处可说。如今他人在汴梁，成了阶下囚，空荡荡的庭院里又只有他自己独自徘徊。

"断续寒砧断续风"就在这时，风将断断续续地捣衣声吹到了李煜耳朵里，本就心中繁杂苦闷而无法入眠，此时的捣衣声更是让他感到孤寂。夜晚忧伤的笛声会让人哭泣，更别说这捣衣声。在古诗词中，捣衣声这一物用得十分之多，多是用在思妇思念情郎之时。如"长安一片月，万户捣衣声。秋风吹不尽，总是玉关情"。又如，"月东出，雁南飞，谁家夜捣衣"。张若虚在《春江花月夜》里也曾写道：
"捣衣砧上拂还来。"那份思妇对丈夫的思念是真切而深情的。在李煜这首词里，捣衣声并不是指他思念谁，而是他听到别人的捣衣声。这是一个很新奇的写法，诗人多写思妇自己制造的捣衣声，以她所做的事来形容她的情感。而这里，李煜则是不同的，他是在这样一个难以入眠的夜里听到断断续续的捣衣声，这声音让他更加寂寥与苦闷。心中的郁结难以解开，只是这里倒不是他思念起谁，而是心中有这样的情绪。亡国之后的李煜心中感慨万分，此时他的心里便是如此。一想到过去，心便会一抽一抽地生疼，而这一声一声又一声的捣衣声更是折磨得他无法呼吸。

　　这一夜的风也是断断续续的，让人在风中有些凌乱。思绪随风而起，却并未能随风而落。"断续寒砧断续风"这一句是全词的重点，也是突出心中情感的一句。

　　"无奈夜长人不寐，数声和月到帘栊。"长夜漫漫，可人却辗转难眠。这样清冷的夜晚，让人心中有些空虚，而李煜心中思绪颇多，无法入眠。时断时续的捣衣声，与洒下的白月光，耳边所听与眼前所见，声色交融，将李煜心中那份忧愁脱颖而出。有人说李煜这首词的境界单纯而确定，意象却朦胧。可以是亡国后的悲怆，也可以是月下思人的幽怨。而我觉得这首词所表达的那份愁绪绝不会是怀人所作，应当是亡国后所写。每一个人都会对一首词有着截然不同的看法，也因此才会有不同的解读。

这首词的意境确实有些朦胧之美，这种深院空荡荡的气氛配上捣衣声，是如此的惆怅。

李煜被囚禁的那些日日夜夜，有着数不清的愁乱，心中难以平复，才会难以入眠。这一首与其他亡国后的词略有些不同，这一首写得温柔许多，而那份亡国后的悔恨也未直接表达。

李清照也写下一首亡国后思故国、思亡夫的词作："庭院深深深几许？云窗雾阁常扃。柳梢梅萼渐分明。春归秣陵树，人老建康城。感月吟风多少事，如今老去无成。谁怜憔悴更凋零。试灯无意思，踏雪没心情。"

开头便是"庭院深深深几许"，这一句词三个"深"字便将人引出了庭院深处，内心深处，悲情深处。琼瑶写过一本小说名字便是《庭院深深》，只不过这本书选用的是欧阳修的那首词来做引出："庭院深深深几许，杨柳堆烟，帘幕无重数。玉勒雕鞍游冶处，楼高不见章台路。雨横风狂三月暮，门掩黄昏，无计留春住。泪眼问花花不语，乱红飞过秋千去。"这一首与李清照的也是渊源颇多，只是李清照这首心情更沉重，讲得不仅仅是儿女情怀，更多的是对亡国的无奈与悲痛。

每一个爱国之人，最不愿看见的便是国家受到迫害。李清照本是一个对未来充满期望的姑娘，可后来丈夫去世，国家衰败不堪，最后亡国。这碎的不仅是国，更是她的心。她虽是女子，心有千千结，却又有着一份强烈的爱国之心，想与男子在世间并行的雄心。"生当作人杰，死亦为鬼雄。至今思项羽，不肯过江东。"这便是在靖康元年金兵攻破开封之后，北宋灭亡时李清照所作的词。朝廷之人、皇宫之人选择了逃离，躲到了南方，称为南宋。而对此李清照是痛恨的，她恨当权者的懦弱，让子民承受国破家亡，而他们只顾及自身安危。所以她将项羽搬出来，来鄙视那些逃离的宋人。"试灯无意思，踏雪没心情。"眼前的景象早就不复当年，什么都没有了，内心只有悲痛与愤恨，此时又有什么心情去赏景。

李煜与李清照的不同在于，李清照的亡国是当权者的懦弱，而李煜便是那个懦弱的当权者。两人虽不在同一个时空，却又如此巧合的经历了相同的事。就好像李煜与纳兰容若一般，跨越七百年，两人却如此惺惺相惜。若是有缘活在同一个国度，同一个时空，不知会出现怎样的盛状。两人又会擦出什么样的火花，产生什么样的化学反应。两人都是白衣如玉的公子，都让无数女子痴情，即便是千年之后的今天，也有着数不清的女子爱恋着他们。读着他们的诗，寻觅着他们的情感。

人世间所有的相遇与遭遇都是一场躲不过的劫，亡国只是结局，却也是注定的结局。李煜的内心是渴望国家安稳的，但是他胆小害怕，没有政治头脑，只想守住这方天地。他丝毫感受不到宋太祖想要吞并的心，压抑他是懂的，唯独不懂何时攻何时守。

月夜下的男子，一双玉手抚琴，让琴音飘荡在每一个角落。男子苦涩地笑了一下，这忧思无解，不过有月光做伴，琴声与捣衣声想和，配上一壶温酒，也就这般罢了。

第二节　一片芳心千万绪，人间没个安排处

《蝶恋花》

遥夜亭皋闲信步，乍过清明，早觉伤春暮。数点雨声风约住，朦胧淡月云来去。

桃李依依春暗度，谁在秋千，笑里低低语。一片芳心千万绪，人间没个安排处。

全词前面似乎都是在写春即将逝去，对暮春时节不舍的愁绪，又或是带着相思之苦的人见此景而独落泪。但最后一句"人间没个安排处"是何其苍凉，这一句一出，便将前面所有景色化作千万愁绪。而这份愁绪不再是伤春感怀，而是亡国之痛。如今成为宋太祖赵匡胤的囚徒，失去了自由，亡了国，丧子失妻，他觉得这人间已经没有他可以停留的地方。失去了期许，早就被折磨得再也不是当年意气风发的李煜，而是一个悲凉的李后主。

在当上太子之前，他是李从嘉，一个带着禅意生活在山林的隐士。当上太子之后一直到大周后去世之前，他是李煜，一个置身歌舞笙箫的君王。大周后去世之后到亡国之前，他还是李煜，一个失妻丧子的苦命男子。亡国之后，他是李后主，一个悲痛孤寂的亡国皇帝，一个失去自由、失去信仰的阶下囚。

这一首词也有人说是宋朝的李冠所作。但李冠的那首词是这样的："遥夜亭皋闲信步。才过清明，渐觉伤春暮。数点雨声风约住。朦胧淡月云来去。桃杏依稀香暗渡。谁在秋千，笑里轻轻语。一寸相思千万绪。人间没个安排处。"

无具体考证究竟谁是谁非，不过，我却认为是李后主所作。李冠是宋人，生于李后主之后，很有可能是得到了李后主的残词进行修改。感怀暮春之作并无太多异议，但最后那一句，若是没有李煜这般经历之人如何说出这般苍凉之话。天下之大，无安身之所，天下之大，无安心之处。"人间没个安排处"怎么会是一个文人伤春的感慨。这一定是一个有过千千万万悲怆经历的人，走过千山万水，走过人生的高低潮，走过从皇子到亡国之君的悲凉，才会让自己觉得身处这世间无法安身。

同时这两首词中也有些许不同之处，而这用词之处便也体现出李后主的词风与写的妙哉。李冠为"才过清明"而李煜写的是"乍过清明"，"才过"与"乍过"虽是意思一样，都是表达刚刚过。但是"才"与"乍"相比，却是心中情绪太多平淡，这不会是李后主的手笔，像一个普通文人的手笔。"才过"与"乍过"在情感上，后者强烈许多，这也与最后一句"人间没个安排处"相协调。

而"渐觉伤春暮"与"早觉伤春暮"相比，"渐"是一个循序渐进的过程，不是一蹴而就，而是慢慢地才发觉春暮的伤感。但"早"却是不同的，早早就发觉了春暮之伤感，是自己心中本就伤感万分吧。否则怎么会如此早便感受到了这份悲凉。杨万里在《小池》中写道："小荷才露尖尖角，早有蜻蜓立上头。"才是刚刚长成，便有蜻蜓停靠在上面。若是"渐有蜻蜓立上头"，是不是就完全不同的情感。渐渐有蜻蜓与早有蜻蜓，是完全不相同的，那种急迫感便消失了，反而很舒缓。渐渐地，本就是一种舒缓情感的词语，把原本直截了当的情，变得绵长，舒缓而轻柔。可李煜是亡国之君，他都感到了"人间没个安排处"，又怎么会去舒缓心中这份悲情。相反他一定是急迫想要表达出来的，想要诉说心中的悔恨与伤痛。如今物是人非，春天的迟暮不仅仅指春天的迟暮，也是自己人生的迟暮，南唐命运的迟暮，否则怎么会孤寂到感到漂泊无法停靠。

下阕中"桃杏依稀香暗渡"与"桃李依依春暗度"，依然是后者取胜。前者从韵律上来说便没有后者读之顺口，反而觉得有些拗口。"依稀"与"依依"同样意思相近，但依依却更有意境一些。比如李后主写过的"回首恨依依"，又如纳兰容若的"夕阳谁唤下楼梯，一握香荑。回头忍笑阶前立，总无语，也依依"，那种依依不舍，怀念之情更为有意境。本就是意境朦胧而使诗更有风味，更胜一筹。而"香暗渡"与"春暗度"，都是表达一种春天即将悄然而逝的伤感之情。"香暗渡"其中香是指花香，用花香来暗表春天，其实很妙，但却觉得更为委婉，同时又总觉得欠了点什么。但李煜此时的心情以及在《子夜歌》中就有写道："寻春须是先春早，看花莫待花枝老。"李煜在写这些感情之时丝毫不委婉，亡国之后的情绪更是如此。他写伤春，又或是写"樱桃落尽阶前月""亭前春逐红英尽"，从此也可看出"春暗度"是李后主的手笔。同时，"春暗度"将春拟人化，也并不是李后主第一次如此写，拟人化的春带有了情感色彩，比起以香来指春，更有意境。

"谁在秋千，笑里轻轻语"与"谁在秋千，笑里低低语"相比，一样后者的情感与全词更契合一些。这样春暮之际，四处透露着伤感，是月色，是雨声，是朦胧的夜色，还是花落尽，让人内心的伤一而再再而三地被加深。秋千挂在庭院里，是谁在荡着秋千说着言语。"轻轻"与"低低"确实意思一样，都是轻声的说话。但轻声说话是有一种温柔就与"渐"一样，是一种舒缓，轻柔之感。"低低"却不是，这会让人想到，这人并不是想要轻言轻语说笑，而是自己亡国被囚，四处耳多眼杂，不敢随意说话，怕自己的言语传到赵匡胤的耳里，而带来杀身之祸。所以才是低着头，压低声音说话，有一种如履薄冰的感觉。而这里的笑，怕也不是真正的笑吧，应该是有些凄凉无奈的笑容。

　　"一寸相思千万绪。人间没个安排处"与"一片芳心千万绪，人间没个安排处"相比，"一寸相思"确实挺好，李商隐就曾写道："一寸相思一寸灰。"将相思比作一寸一寸，让人增添烦恼。只是相思之苦，倒不至于让人"人间没个安排处"的。这首词让我最受感触的便是"人间没个安排处"，这也是作者的点题之笔，整首词的核心所在。然而不过是一寸相思引来的千万愁绪，会让人孤立无援到这般地步吗？我想是不会的。

　　"三年羁旅客，今日又南冠。无限山河泪，谁言天地宽！"这是明代夏完淳战败被俘，即将被押送出故乡时所作。身落敌手，被囚禁起来，心中的感慨是无限的，所以说"无限山河泪，谁言天地宽！"如此宽阔之地，我却没有一方寸土可以生存，自己的心无处可寄。这种情感与"人间没个安排处"是相似的，这种心中的悲痛，亡国的愤恨，此时无法反击的落寞尽在这一句之中。这样的情感又怎么会是李冠所能写得出来的呢？

　　词中的每一个词都在表达着一种情感，李煜不过是借暮春的伤春之感来写自己亡国之恨、亡国之痛。只有他被囚禁在这宫墙之中，暗无天日，不知何时便会被赐死，也不知何时又会遇见什么。他看得见自己的未来，便是会死在这一方囚牢之中。也只有这样的李后主才有时间在月夜下散步，去数雨点砸下的雨声，才会千万愁绪压在心中，让他感到迷惘与孤寂。所以，李冠的那首恐怕是得到李后主的残词按照他的理解去填写的，并非李冠所作。

人的一生一定要有生活的波折那些难熬的经历，才会有痛彻心扉的感悟，才会有清澈明亮的心理。王维原本也是有相思的，他也曾写"红豆生南国，春来发几枝。愿君多采撷，此物最相思"，到后来"行到水穷处，坐看云起时"的淡泊与洒脱，他是有经历的，不是平白无故的感触。

李清照也一样，最开始她写的是"常记溪亭日暮，沉醉不知归路。兴尽晚回舟，误入藕花深处。争渡，争渡，惊起一滩鸥鹭"。这展现在我们眼前的是一个妙龄女孩，贪玩到不记得回家，还在河流上迷了路。这时的李清照没有任何复杂的心情，有的是活泼开朗。到后来的"寻寻觅觅，冷冷清清，凄凄惨惨戚戚"，是走过了一段漫长的岁月，此时她情投意合的丈夫已经病逝，故国已经破灭。心中的活泼早就化作了千万愁绪，难以消除，才会"才下眉头，却上心头"。

唐朝才女鱼玄机最初也是一个情窦初开，对爱情抱着无限幻想的女子，她将对李亿的思念化作诗句，她说："忆君心似西江水，日夜东流无歇时。"可是等到的不是郎来接她，不是郎的誓言，而是被风吹散的承诺，是一颗被人碾碎的心。最后她变了，走过这些坎坷波折，她才发现情多么不可靠，多么虚假不现实。后来，她也明白了"易求无价宝，难得有情郎"。于是她不再寻求爱情，可她一生终究还是被一个情字所困。

这就是转变，人生有了转折，词风话语自然也会变。只有经历了才懂得此间的困苦与孤寂，否则不过是"为赋新词强说愁"。但是很明显李后主这一首词是心中真的很伤，很痛，很苦闷，也很寂寥。

　　人世间如此之大，李后主却觉得飘零如浮萍，无处可停靠。一场黄粱美梦，醒了便是无尽的沉痛。

第三节　世事漫随流水，算来一梦浮生

《乌夜啼》

昨夜风兼雨，帘帏飒飒秋声。烛残漏断频欹枕，起坐不能平。

世事漫随流水，算来一梦浮生。醉乡路稳宜频到，此外不堪行。

寂静的夜晚是愁绪的摇篮，本来平静的心情，一到深夜便会难以平复。现实如此苦涩残酷，又没有改变的能力与机会。夜晚的风雨将人的心也打湿，昨夜又是彻夜未眠。如今失眠变得很少，总是孤枕难眠，或许是清冷的夜色使得人难以入睡，又或是风声飒飒让他的心也变得摇摇晃晃，而"滴滴答答"的雨声竟这样一直到了天明。让我想起蒋捷的那句"一任阶前点滴到天明"。

一夜都是这惹人心烦意乱的风雨声，让心中的思绪无法平静，是忧愁是烦恼或者是心痛。窗帘被风吹起，稀稀拉拉地响了一个晚上，伴随着雨声就到了今日。昨夜的苦闷却依旧未能减少，究竟要如何才能恢复平静？或许没有方法，谁让李后主身处汴梁的囚笼之中。门上的锁锁住的是李煜的人，心上的枷锁拴住的是那颗怀念故国的心。

秋天本就是多愁善感的季节，惹恼了李煜的思愁。"烛残漏断频欹枕，起坐不能平。"此时蜡烛已将近烧尽，房屋还"滴滴答答"漏着雨水，李煜躺下又起来，在床上辗转难眠。李煜在《喜迁莺·晓月坠》中写道："无语枕频欹。"与这句里的"烛残漏断频欹枕"意思相同，只是心境变了。那时的李煜只是在饱受相思之苦，那份得不到的苦涩，才在夜里难以入眠，在起身与躺下之间反复。可此时的李煜已是李后主，南唐已不在，金陵也不再是曾经的金陵，而他自己也已被囚禁在汴梁。他的心里充斥着烦恼与忧愁，亡国的痛苦难以平复。于是才会是"起坐不能平"，这才是上阕的重点。前面是如何难以入睡，心中多么恼这风雨声，但不过是归为这一句，"起坐不能平"罢了。

"世事漫随流水，算来一梦浮生。"人生苦短，一晃眼也不过是浮生若梦，在如痴如梦之间便是一生。那些尘封的往事随着流水一去不复返，而这一生也是如梦如幻一般便也即将逝去。古人总喜欢将那些往事与流水一起，让他们随风而散，随水而流。王安石就曾写道："六朝旧事随流水，但寒烟衰草凝绿。至今商女，时时犹唱，后庭遗曲。"时代兴衰都如流水而逝，不论是六朝旧事还是这一生所经历的世事，都是这般随着水流而去，这是谁也拦不住的。这一句中"漫"让这一世走得有些缓慢，好像漫过这一世浮华。让心中的那份惆怅变得悠长而难以分舍，究竟为何会是这般。故国家园不再，金碧辉煌不再。昨日他还是皇宫中的至尊，一国之君，今日便被囚禁于此失去了人身自由，也失去了灵魂。李煜的词作巅峰是在亡国之后，但他失去了他所渴望的自由，自由丢失之后他再也没有提过禅。连自由都不在了，信禅又有何用？他失魂落魄，只剩下了一副躯壳，而他唯一的念想便是悲伤难过，悔恨又是愁绪满怀，让自己无法逃脱这份苦难。若说他的前半生是繁花似锦，那么后半生便是苦涩艰辛。身心备受煎熬，或许他也渴望解脱，只是不知道何时才会得到解脱。

"醉乡路稳宜频到，此外不堪行。"如今思念故国的心情是难以描述的，喝了些酒，想用酒化解愁肠。即使明知道"抽刀断水水更流，举杯消愁愁更愁"，可自己又怎么能不饮酒来麻痹自己，至少醉梦之中，还能回到那繁华的金陵，还能回到大周后的瑶光殿，还能看到与娥皇一起种下的梅花，还能……梦破了，自己也倒了。梦里也告诉自己只有归故里的路可以走，其余的不可行。若早知会是这般，不知李煜会如何做。是否会不愿继位，又是否真的会闲云野鹤，云游四海。这一世痛苦，若有来世应当会潇洒一些，如王维一般洒脱或许愁绪也能少一些。

秋日里，金陵的菊花应该已经开了，遍地的黄花应当是灿烂而耀眼的。花丛中有一女子身着粉色的衣裳在阳关下奔跑，那是谁？她的背影像极了大周后，她即将回头之际，李煜被惊醒。此时额头已满是汗水，醉酒后留下的脑袋昏昏沉沉，使得自己猛地躺下陷入了迷茫之中。

不是每一位皇帝在亡国后能得到好的安排，但不例外的是每一位亡国皇帝都是世人唾弃的对象。李煜也不例外，兴许他也自知会如此。不知多少人写诗词来描述心中的愁苦，但与李煜比起来，许多人的愁绪怕是弱了许多。李煜这一生一波三折，弹指一挥间，便也走到了如今。

宋徽宗赵佶写下一首《眼儿媚》，来诉说自己被囚的苦涩："玉京曾忆昔繁华，万里帝王家。琼林玉殿，朝喧弦管，暮列笙琶。花城人去今萧索，春梦绕胡沙。家山何处？忍听羌笛，吹彻梅花。"

不论是谁人亡国之后身处异国他乡，自己曾经的那片土地再也回不去，心中的寂寥便是无法言说的，是悲愤还是孤寂，怕也有些分不清。赵佶在这一首《眼儿媚》中写道："玉京曾忆昔繁华，万里帝王家。琼林玉殿，朝喧弦管，暮列笙琶。"这一句，写尽了汴京昔日的繁华，这帝王家是万里之长，宫殿是一座又一座。每一日整个皇城，早上听丝竹管弦之声，夜晚闻笙箫唢呐之曲。好一片繁茂的盛况，将昔日的繁荣描绘得如此之广，便也与下阕中的现状产生了鲜明的对比。

"花城人去今萧索，春梦绕胡沙。家山何处？忍听羌笛，吹彻梅花。"到了如今离开了汴京，而这曾经繁荣昌盛的国都也在一夜之间化作了黄沙消散在风中，只剩下了萧索之景。城内四处都是逃亡的人，四处都是散落的物品，花早已无人赏，城早已不是曾经的城。赵佶甚至问自己，故国在何处，没有了，一切都化作了灰烬。与上阕相对应，上阕写道，曾经在汴京之时，听得是丝竹管弦，歌舞笙箫，可是此刻，听的却是羌笛。写尽这亡国后的萧瑟，亡国后的苍凉。

赵佶与李煜是那么的像，甚至有人说赵佶本就是李煜投胎转世，只为了给南唐报仇雪恨。

当然这只是人们的臆想，为自己渴望的结果编了一个故事。每一个朝代，每一个国家都会有那么一个如李煜一般纵情声色之人，只是，李煜亡了国却也成了名。是他的诗词造就了他，让世人从众多的亡国之君中将他提出来。中华五千年历史，如此广袤的历史长河中，亡国之君又岂是一个两个。如李煜一般亡国的君主不止一个，但达到诗词巅峰的却只有李煜一个。

人生不过如此，一世也是一转眼之间。是喜是忧，是悲是欢，是离是合，终究会如杜甫所言，"卧龙跃马终黄土，人事音书漫寂寥"。人间道路这么长又这么短，在人间走一遭什么也带不走，终究成为一抔黄土，没入黄沙之间，消散在历史长河之间。只有那些名字那些诗词那些故事在风中流传，传入每一个子子孙孙的耳中，成为一个又一个的传说。

漫漫人生路，不论结局如何，走过便留下了一段痕迹。

第四节　闲梦远，南国正芳春

《望江南》其一

闲梦远，南国正芳春。船上管弦江面渌，满城飞絮辊轻尘。忙杀看花人！

《望江南》其二

闲梦远，南国正清秋。千里江山寒色远，芦花深处泊孤舟，笛在月明楼。

江南是一方神秘的土地，不知多少人为之痴迷。春日里，细雨绵绵时，江南在烟雨里沉浸着，似乎好像沉淀自己。夏日里，阳光似火时，江南在炎炎烈日下热情似火。秋日里，秋风扫落叶，江南在落花落叶里显得有些寂寥。冬日里，寒冷多雨，江南在湿润与冰冷里少了些大雪的银装素裹。而长在这里的女子都柔情似水，巧目盼兮，远山如黛般；男子都温柔如玉，俊俏无比。

是梦，梦得那么远，从汴梁跨过千山万水回到了金陵。此时的金陵正是春日，阳光正好，百花齐放，比起汴梁不知要美几分。绿草如茵陪着清澈的溪水，溪水里映着蓝天白云，这样的景色是多么熟悉，又多么动人心弦。

第一首便是写江南的春，第二首是写江南的秋。"船上管弦江面绿，满城飞絮辊轻尘。"船上丝竹管弦之声甚是热闹，春天里的江水是清澈透亮的，配上这样的音乐才能称得上江南的春。而岸边是柳絮飘飞，车马如龙将地面的灰尘卷起。最后一句"忙杀看花人！"李煜未说花有多美，绽放得多么繁盛，却用看花人的繁忙来指出花开之盛。

江南的春，就应该有水，有音乐，有柳絮，有人烟，还有花。这样拼凑在一起的图才能配得上那份大家对江南的期许。

白居易对江南的景色一直记忆犹新，"日出江花红胜火，春来江水绿如蓝"。这是白居易对春天江南的描绘，这里日出时分，阳光照在花朵之上，将这里花团锦簇的画面照映在人的眼里，色彩缤纷。春江水绿如蓝，同李煜的这句一样，江水是碧绿清澈的。那样的水才会给人一种渴望接近的感觉吧。

江南的春一直很美，比任何地方的春都更要艳丽。李煜对于江南的春，并未用任何鲜艳的颜色形容，或是用许多美词来描绘。相反，用的词语十分平凡，讲述的景色也十分普通，并没有江南的烟雨蒙蒙，但却把最美好的江南展现在了所有人面前。苏轼的江南是"春未老，风细柳斜斜。试上超然台上看，半壕春水一城花，烟雨暗千家"，这样的烟雨江南，带着细雨春风。白居易的江南不仅是"日出江花红胜火，春来江水绿如蓝"更是"乱花渐欲迷人眼，浅草才能没马蹄。最爱湖东行不足，绿杨阴里白沙堤"。白居易的江南是色彩最为绚烂的，最惹人注目的。而作为愁宗的李煜这一次破天荒的没有诉说自己的愁绪，而是用梦中阳光明媚的江南，看似平凡而深入他心的江南，来表达自己心中的想念对故国的思念，对现实的痛楚。

词中的江南很美，却也很贴近人的生活，很平凡，可是这是在汴梁的小院里，李煜所看不到的。他思念故国的春色，思念金陵的一切，包括自己曾经的生活。可如今自己又算什么，违命侯不过是赵匡胤给自己的一个称谓罢了，实际上自己早已失去了回故国的机会。梦里的越是美好，阳光越明媚，与现实的对比就越明显，越失落。表达的是愁绪却又没有一个字说到愁，说到悲痛，说到怀念。只是用一句"闲梦远"来表明，后面的一切美好都是虚幻的，不存在的，不现实的。

"南国正芳春"，一个"芳"字，将江南鸟语花香的春的气息表达出来。这样的江南该是多么美妙？而李煜后面的几句也是与这"芳"字相匹配，唯独那个"梦"打破了一切。只是最开始他便知这是一场梦，一场过眼云烟的梦。

第二首"南国正清秋"，我们都知道秋天是萧索孤寂的。一个"清"字将江南秋天的孤寂清冷描绘出来，而后面的三句都是在围绕着这个"清"字来展开。"千里江山寒色远"，远景是千里江山广袤无垠，却是透着寒意。"寒"与前一句的"清"意思相似，都表达了秋天的清冷，冰寒。

"芦花深处泊孤舟"，芦花丛中停靠着一艘小船，只有孤零零的一艘，还是在花丛深处，那份孤寂感脱颖而出。孤舟最让我记忆犹新的便是柳宗元的《江雪》："千山鸟飞绝，万径人踪灭。孤舟蓑笠翁，独钓寒江雪。"人的孤独感是从心而发，所见所闻之事便会变得那么寂寥。人满心欢喜时，秋天是硕果连连，丰收的季节；冬天是瑞雪兆丰年。可到了寂寥孤单的人眼里，便是烟波江上使人愁，本就愁绪感慨万分，此刻便会被景色再次触动。而自己眼里的景色也是那么形单影只，鸟的踪迹是绝，人的痕迹是无，江边的船是孤舟，岸边是寒山。当人的心里陷入孤独之时，即使身处一群之中，仍旧觉得孤独。

这一句里"深"就好像在说内心深处一般，在无人能见到的地方，有一艘"孤舟"，一个"孤"将人心中的那份寂寥表达出来。也许这也正是李煜内心的感触，梦里江南的秋日都是这般寂寥。

"笛在月明楼"，笛声是清冷的，又是月夜，银光如泻，洒下的月光配上悠长的笛声，将前一句的"孤舟"，"寒"与"清"相对应。整个江南的秋是清冷的，不论是哪一个意境都在诉说这份清冷，正如前一首词讲述江南春的芬芳一般。韦庄的笛声是，"却见孤村明月夜，一声牛笛断人肠"，断人肠的笛声，让人在夜里闻之而心碎。李白的笛声："谁家玉笛暗飞声，散入春风满洛城。此夜曲中闻折柳，何人不起故园情。"一声笛声起，唤起千家万户的故国情，这样的笛音应当是婉转而凄凉的。

在古代诗词中笛声本就是一个常见的意象，而这一意象多是与游子对故乡故国的思念之情。笛声起，而思念也起。李煜在此处用笛声来描绘江南的秋，也是在暗示自己对故国的思念之情。现实太苦，只能依靠梦来完善自己内心所缺失的那些渴望。梦里在江南的春天、秋天走一遭，看见那些景色本就是让他心生悲痛，而笛声一起，他却在梦中都不禁落下泪来。

这一世太苦，即便是生在皇室家族，依旧没有一个好结局。或是乱世的兵荒马乱不适合他这样的诗人，都说时势造英雄，乱世是盛产英雄的时代。这样的年代里，兵法战术最强的人总是比较吃香，也容易脱颖而出。比如韩信、白起，哪一个不是生在乱世。也只有像春秋战国、五代十国这样的时期才会群雄争霸，才会代有才人出。于是李煜这样的诗人皇帝在这样的年代没有一个好的结局也是命中注定的，至少他留给后人一篇篇感情饱满的诗篇。虽然不是流芳百世，也算是一份传说在风中流传。

说起五代十国，有数不清的人被我们遗忘在人群中，但我们记住了这个满腹情愁的亡国皇帝李煜。他梦里的江南，春天是那么芬芳美丽，秋天又是那么清冷孤寂。他对故国的情怀是难以割舍的深情，而我们也都感悟到了那份情深义重。

第五节　凭阑半日独无言，依旧竹声新月似当年

《虞美人》

风回小院庭芜绿，柳眼春相续。凭阑半日独无言，依旧竹声新月似当年。

笙歌未散尊罍在，池面冰初解。烛明香暗画堂深，满鬓青霜残雪思难任。

这一年，宋太祖赵匡胤已经去世，即位的是赵光义，史称宋太宗。相比于宋太祖赵匡胤，赵光义心狠手辣是出了名的，虽然明面上是一位饱读诗书的文人，可实际上却心机颇深，比哥哥赵匡胤更加毒辣。对于李煜他可没有赵匡胤那么宽宏，他将李煜违命侯的封号去掉，改成陇西郡公，这才是李煜最难熬的日子，而这样的日子长达两年之久，或许李煜早就渴望以死亡来解脱这苦厄。在这两年里，李煜与旧臣后妃不得相见，他的孤单寂寥心中的悲痛也越来越深。

又是一年春季，本是春光明媚，应当是一个生机勃勃之景象，然而，这样变故之后再生变故让李煜的日子变得更加艰辛。虽是春天，可李后主已经从春天里看到了风烛残年，看到了秋季的衰败。他更加小心地活着，只能走一步看一步。他每日不敢说太多的话语，而庭院里本也就无人。本来是小心翼翼，可人都是被逼的。当内心的情绪越来越难以压制，心中的愤恨早晚会迸发而出。

"风回小院庭芜绿，柳眼春相续。"春风一吹，庭院里的杂草都变绿了，而柳树也再次长出新芽，生机盎然之景油然而生。一切都是春风带来的，将荒草吹绿，让柳絮再一次纷飞。这一句一个"回"生动地将春风吹来的变化称为回归。春天是一年一度的，每一年它都如期而至，不早退也不会缺席。这个"回"字表达了许多意境，是春天再次回来了，也是春风让那些杂草再次生长。一个"回"胜过许多其他词汇，不美，却让人浮想联翩。而后一句的"相续"也是对"回"的再次讲述，是相续不仅仅是柳树发芽，而是与去年的相连续着。

"凭阑半日独无言，依旧竹声新月似当年。"然而这样的生机勃勃之景却让李后主陷入沉思，这一个下午都撑在栏杆上，望着眼前之景发呆。这一年的箫声与明月依旧如往年一样，没有任何变化。前一句是"风回小院庭芜绿，柳眼春相续"，是变化的，春风改变了杂草丛生的现状，将荒凉之景变得绿油油。而下一句却是依旧似当年，没有任何变化。

张若虚在《春江花月夜》中写道："江天一色无纤尘，皎皎空中孤月轮。江畔何人初见月？江月何年初照人？人生代代无穷已，江月年年只相似。不知江月待何人，但见长江送流水。"每一年的月都如往年一样没有任何变化，可是人却已经一代一代又一代不知传了多少代，可这月竟与千百年前的相似。与李煜这一句意境相似的除却张若虚的这句，还有李白的"今人不见古时月，今月曾经照古人"。

换一个角度这似乎是在讲述一个哲学问题，那就是变与不变的话题。张若虚在《春江花月夜》中所写得便是在讲述变与不变的哲理。变与不变这实际上是一个辩证问题，景色万物或许不会变，但人一定会变。李煜这里或许没有涉及这么深，他只是将变与不变的景色相对比，来突出自己心中的懊恼与苦闷。

"笙歌未散尊罍在，池面冰初解。"此时依旧是歌舞笙箫，宴会没有散席，酒还未饮尽。池中的冰也已经开始融化，似乎象征着一切都将会变好。春天来了，杂草也变绿了，宴会未散酒仍旧盈樽，连结冰的水面都开始融解。所有的景象物象都在表明，好的转折已经来了，此时此刻是变化的，一切困难都开始消散。读到这里，似乎一切都还是很美好。俗话说，冰冻三尺非一日之寒，这样的寒冰需要许久许久才可能化开。而此时冰面开始融解，春天也来了，这都是好迹象。

"烛明香暗画堂深，满鬓青霜残雪思难任。"然而最后一句却进行了转折，将前面所描绘的一切美好，瞬间转化为悲痛。夜深人静之时，整个庭院也开始变得幽深起来，刚刚的歌舞笙箫全部褪去，什么也不剩。如今李煜也不过才四十岁，却已经满鬓如霜一般雪白，已经白了头。眼前那些美好的向往却也无法解除他心中的忧愁，是这样的日子没有尽头，也不知未来是否还会更糟，他思念故国，痛心疾首，怀念过去，悲痛万分。月光似当年，可自己却已不再似当年，不仅头发花白，更是身陷囹圄，自由也丧失了。只能每日对着灰色的瓦砖，对着空旷的庭院，对着寂寥的自己，数着漫漫长日。

这样的日子究竟有多难熬，不言而喻。就好像身陷孤岛一般，即便是在一个繁华之都，可是连门都无法迈出，他只能隔着墙听取别人的欢愉。熙熙攘攘的街道与他无关，皓月当空照亮的只有他孤寂的心，枷锁早已将他困在这里难以消除。曾经与现在的对比，梦中与现实的对比，可以说，是最残酷的两种对比。是无法描绘的悲凉，无法承受的伤痛。

曾经是"晚妆初了明肌雪，春殿嫔娥鱼贯列。凤箫吹断水云闲，重按霓裳歌遍彻"。如今却是无人往来，自己也不再是帝王。大周后不在了，宫女不在了，南唐不在了，歌舞笙箫也不在了。唯独春天依然如期而至，月亮依旧如曾经一样明亮，景没有任何变化，可人的心境变了，处境变了，也改朝换代了。曾经沧海桑田，若只是亡妻失子也不至于感到煎熬，可是如今连天都换了，自己不再是属于这里的人。没有了安生之处，只能苟且偷生。

"独上江楼思渺然，月光如水水如天。同来望月人何在？风景依稀似去年。"作者是唐代的赵嘏，但是关于他的信息却少之又少，只知道可能曾经与李白是朋友。这一首诗中的"风景依稀似去年"，与李煜这一首词的"依旧竹声新月似当年"相似，风景未变，只是人变了。就好像崔护思念惦记了一辈子的女子一样，桃花仍旧灿烂，只是人却不见了。若是爱的人不见了，景色依旧却也味道变了。不再是甜蜜与欣喜，反之，变为了忧郁与惆怅。对于国家的兴亡更是如此，一旦国破家亡，人也不知该去往何方。是否只是等待，等待那个结局的到来。

人生本就是变幻莫测，难以捉摸。人的一生又那么短暂，恍惚之间便已是一生。欢快的一生那么快，仓促之间便结束，悲痛的一生，却是度日如年。亡国被囚之后的日子，尤其是赵光义将李后主封为陇西郡公之后，他的日子真是度日如年。让他这样一个爱热闹的人，独自生活在那样一个荒芜空荡的庭院里，与世隔绝几乎就是将李煜杀死一般，可又生不如死。他是为那些歌舞笙箫而生，为琴棋书画而活，他的造诣本就在此。可一转眼，自己只能躲在房子里写写画画，再也见不到外面的景色，也回不到欢快的日子。

须臾之间，纵情声色的日子便结束了，取而代之的是遥遥无期的囚禁，那种绝望、害怕、愤怒、悲痛的情绪复杂而多变。

第六节　一任珠帘闲不卷，终日谁来

《浪淘沙》

往事只堪哀，对景难排。秋风庭院藓侵阶。一任珠帘闲不卷，终日谁来。

金锁已沉埋，壮气蒿莱。晚凉天净月华开。想得玉楼瑶殿影，空照秦淮。

秦淮河有过太多王朝的兴衰，杜牧的那首《泊秦淮》便十分出名："烟笼寒水月笼沙，夜泊秦淮近酒家。商女不知亡国恨，隔江犹唱《后庭花》。"好一句"商女不知亡国恨，隔江犹唱《后庭花》"。将亡国后的那些不知亡国愁苦的风月女子，以及恬不知耻的陈后主写得传了神，于是只要提起秦淮河，我都会想起秦淮河边那些不知国耻的女子。

秦淮河不知是多少人的国都，金陵也是中国四大古都之一，有着十朝都会、六朝古都之称。历史悠久文化底蕴深厚，有着那么多的故事与传说。金陵也是今日的南京，江苏省会。关于南京，我们的记忆里有许许多多事迹，如南京大屠杀等。在南唐时，南京也就是金陵是国都，一个朝代的灭亡便是国都被攻破的那一天。皇宫里不知如何是好的李煜，终究还是迎来了这一天，国破家亡的这一天。一国之君，在城门被攻破之后，率领百官出城投降。或许他甚至没有崇祯皇帝的血性，哪怕一点儿都没有，他选择了投降，苟且偷生地活着。

可是真的是李煜的错吗？皇帝的位置不是他选择的，而这个重任降临时，却只能选择承担。可是没有能力，志不在于此，他也是无奈的。当南唐灭亡，而他也就成了亡国皇帝，千夫所指，可他自己心中没有苦闷吗？他所爱的被称为不务正业吧，因为忽略了他的本职工作皇帝，可就算他努力去成为一个好皇帝，南唐就不会灭亡了吗？赵匡胤的雄心是压制不住的，他要统一中原这片混乱的地区，这是他的雄心。这样的战争时代不需要文学家，不需要诗人，只需要血气方刚的战士。

如今李煜成了李后主，一个后字，添加了多少讽刺。围困着他的宫墙，被囚禁的他，在这样的岁月里感到了孤苦无依，感到绝望。他的府门口有人把守着，出不去，而别人也进不来。就这样与世隔绝，是啊，他也曾想过与世隔绝做一个逍遥侯爷，可是谁知，这一日到来时，自己却是一个阶下囚。

"往事只堪哀，对景难排。"回首往事，自己除了将苦涩往肚里咽，还能如何？过往的美酒、美人、美日子都在那一刻灰飞烟灭，还能奢求什么？留下的只有无尽的忧伤，无尽的伤痛。秋天里的硕果累累，丰收的喜庆，菊花开放的那么艳丽，他都无心关注，景色再美，外面的世界再好，与他又有何关系？忧思依旧难解，苦闷依旧难排解。

　　"秋风庭院藓侵阶。一任珠帘闲不卷，终日谁来。"这一句将自己现在所住的庭院里的风貌描绘出来，又用那句"终日谁来"将自己的孤寂放到最大。秋风吹过，整个庭院都是萧瑟而又清冷的氛围。景色本就是苔藓爬满了台阶，秋风一吹落叶纷纷，这样的萧索只是让自己内心的悲痛越来越深。珠帘散下来，也没有了闲心将它卷起，反正也不会有人来探望他，不如放任着不管不顾。

　　第一句"秋风庭院藓侵阶"中的"侵"，是李煜心中的悲痛与悲愤的表示。不是说蔓上台阶，不是说长到台阶，他用的是"侵"，侵略的"侵"。这个词带着很强的激进感，不是温柔的，也不是平淡的情绪，而是侵。苔藓本是长在地上的，如今都已经长到台阶上了，这也是李煜加强表达自己心中的悲痛之情，对亡国的痛苦，对如今身处这样的境地的煎熬。就比如刘禹锡的《陋室铭》中写道："苔痕上阶绿，草色入帘青。"便只是说那一块地方很少有人去，都长上了苔藓而已，与李煜的这句情感不同。"终日谁来"，在这里他被囚禁着，里面的人出不去，外面的人进不来。他甚至无人可倾诉，无人可言谈，这份孤寂配上秋风扫落叶的景色，那一瞬间，自己就好像跌落进了深渊，不知身在何处。

"金锁已沉埋，壮气蒿莱。"这里的"金锁"解释有许多种，有人说是三国时吴国用铁索封江对抗晋军，也有人说是指南唐旧日宫殿，还有人说是指金线串制的铠甲。不过不论是哪一种都是对故国的怀念、感怀。不过后文中提及"想得玉楼瑶殿影"，所以我更偏向第二种解释，南唐旧日宫殿。一个"沉埋"，一个"蒿莱"，便是描绘一切都只是曾经。如今过去的那些繁华宫殿，鱼贯而入的宫殿，充斥着熏香的宫殿，早已被掩埋在黄土之下，掩埋在人的心中。而曾经的壮志豪情也已经归为零，如今还谈什么壮志。

"晚凉天净月华开。想得玉楼瑶殿影，空照秦淮。"夜晚微微凉，天空明净月华如练，照在秦淮河上，波光粼粼，还映现着南唐旧日宫殿。月色如此之好，本是赏月的好时节，可是一想到啊，这月光照在秦淮河上，一想到金陵，心中不过是一个"空"字罢了。"空"在古代的诗词里出现得很多，有的带有禅意，是空灵的感觉，比如王维的"空山新雨后，天气晚来秋"。而更多的是指世事成空，一切都是空，比如文天祥所写的"乾坤空落落，岁月去堂堂；末路惊风雨，穷边饱雪霜"。而这里李煜的空，便只是往事成空罢了。

南宋亡国时期有一位英雄写下了一首绝命诗《过零丁洋》，他便是文天祥。即便故国不再，他被俘仍旧是宁死不屈，往事已空便是说"乾坤空落落，岁月去堂堂；末路惊风雨，穷边饱雪霜"，而已经锒铛入狱即将被斩首时，他说："人生自古谁无死？留取丹心照汗青。"谁也难逃沉埋在黄沙之下的命运，不过一死而已，何惧。这种情绪与李煜的愁苦是完全不一样的。若是李煜能有文天祥这样的气魄，或许南唐的命运也不会如此。秋风吹过，仍旧是凄冷的月空，清冷的庭院，自己仍处在汴梁中，无法逃离。

第八章

林花谢了春红，

太匆匆

第一节 四十年来家国，三千里地山河

《破阵子》

四十年来家国，三千里地山河。凤阁龙楼连霄汉，玉树琼枝作烟萝，几曾识干戈？

一旦归为臣虏，沈腰潘鬓消磨。最是仓皇辞庙日，教坊犹奏别离歌，垂泪对宫娥。

南唐自公元937年建国到公元975年亡国，传三世三帝，享国三十九年。五代十国是一个硝烟四起，战乱不断的时代，杀伐不断。这样的一个时代，也恰好造就了赵匡胤这样的时事英雄。南唐建国本就是篡了南吴的位，而赵匡胤是篡了后周的位。

南吴灭亡之后，南吴的最后一位皇帝是杨溥，他被驱逐出境之后，在渡江之时，写下了一首《渡中江望石城泣下》：

江南江北旧家乡，三十年来梦一场。

吴苑宫闱今冷落，广陵台殿已荒凉。

云笼远岫愁千片，雨打归舟泪万行。

兄弟四人三百口，不堪闲坐细思量。

关于这一首诗，有人说是李煜所作，也有人说是杨溥所作，但我更偏向于杨溥所作。李煜在这阕《破阵子》中写道："四十年来家国，"对应着南唐三十九年的历史。而这首渡江诗中写的却是"三十年来梦一场"，而南吴刚好是三十年历史。第二句中"吴苑宫闱今冷落"，便更加可以确定这是杨溥之作，而非李煜。李煜亡国之后的诗词不会再去提及南吴的旧宫苑，他只会说金陵，说秦淮说那段时光。

杨溥这首诗写尽他作为一国之君被迫下位之后的心酸，这国对于他不过是黄粱一梦，如今自己也是再也没有了故国、故乡，心已是飘零的浮萍没有了根。这些过往曾经离他越来越远，渐渐地，双眼蒙眬，是江上雾朦胧还是泪花打湿了眼帘，早已分不清楚。只知道自己就这样，在船上一点一点地离故乡越来越远。这首诗的心情和李煜亡国后的何其相似，而北宋的赵佶又与李煜何其相似，让后世的我们也不由得一阵唏嘘。

"四十年来家国，三千里地山河。"四十年的历史，四十年的南唐，就这样在一瞬之间，变成了过往。这广阔的山河啊，就这样拱手让了人。心中不能回想，一想起便会泪流满面，心痛到无法呼吸。李昪打下的江山垮了，垮在了他李煜的手上。那些奢华的宫殿，曼妙的琴声，无忧无虑的生活都成了过眼云烟。

"凤阁龙楼连霄汉，玉树琼枝作烟萝，几曾识干戈？"曾经的宫殿是凤阁龙楼高耸入云，与天相接，宫苑内珍贵的树木生长着，如烟雾里女萝一般，婀娜多姿。所有美好的一切都让他沉醉在这里，可战乱居然就这样破天荒地来了，来得让他感到突如其来的恐慌，不知该如何面对。

"一旦归为臣虏，沈腰潘鬓消磨。"就这样成了阶下囚，成了被俘虏的亡国皇帝。囚禁在汴京城下，曾经吃饱穿暖，还能饮酒作诗，如今只在这牢笼里消磨时光。操劳着心神，愁苦占据着整个心里。不知不觉间便也腰身瘦了下来，鬓角也白了，被折磨得连自己都不认识。

"最是仓皇辞庙日，教坊犹奏别离歌，垂泪对宫娥。"仓皇逃窜的那一日，他来到宗庙之前，请求祖先们的原谅，那种痛苦就好像被人挖去了心一般，一阵绞痛。出城之时，似乎还听到了离别的歌声，是为他准备的离别歌吧。看着那些朝夕相处的宫娥，忍不住哭出了声。

这一首词，李煜开始回忆离开南唐之时的情节。上阕写自己悔不该当初，不知天下战乱事，只享受着那些生活乐趣，奢华的生活。而下阕则写，自己亡国之后的痛楚，痛定思痛的难熬。若是当初不深陷后宫，如果当初能了解外面的形势，也不至于在自己手上葬送了祖先们打下来的江山啊。这一首词，可以说，此时的李后主已经在这种被囚禁的苦闷中开始思索从前，回顾从前。这一首不仅仅在诉说自己心中对亡国的苦闷，更多的还是对亡国这个结局的分析。

用"沈腰""潘鬓"两个典故来形容自己的消瘦与饱受煎熬的心，汴梁的日子过得太辛酸。成为俘虏便也失去了自由，再也见不到自己的列祖列宗，再也回不去曾经的王朝。这是一个亡国之君的独白，诉说自己亡国之后的心酸，诉说自己将近四十年家业荒废的痛楚，诉说自己面对祖宗时的仓皇，诉说自己心中的不舍，不甘心。此时的李煜已不再害怕人言可畏，不过是一死而已，还能如何，自己也无能为力恢复自己的南唐，只能写诗写词讲述自己心中的悲凉。

这一世便这样荒凉地看到了尽头，无力改变，却难以平复内心的波澜。四十年的家国，就这样毁于一旦。三千里地的山河啊，是五代十国期间，十国中拥有最大版图的国家。就这样将山河拱手让人，还是自己亲手而为。这一刻，李煜才知道自己曾经有多荒唐，才知道南唐对于他的重要性。或许以前那是他吃喝玩乐的身份，可如今亡国了，他才懂得，那里还有一份责任，保卫这个国家的责任，又怎么能就这样亡了国，成了奴呢？

若是还有来世，李煜定会壮志雄心，一心为国，只是人世间不知是否有来世。

第二节　自是人生长恨水长东

《相见欢》

林花谢了春红，太匆匆。无奈朝来寒雨晚来风。

胭脂泪，相留醉，几时重。自是人生长恨水长东。

这一世有太多的苦涩难以描绘，这一世停留在人间不知如何选择，这一世爱上的那个人不知所踪，这一世太过短暂悲怆而孤寂。生时，是一人来到这世间，离开时，亦是一人离开这世间。什么也不曾带走，却留下了些许诗词之作，为后世所了解所铭记，他的存在。这一方天空下曾有过一个他，这一片土地之上曾有过一个他。这一世，没能保护好这一王朝，若是有来世，定会对你不离不弃护你一生周全。

我也曾在深夜里徘徊，心中有些伤难以平复。情感是最复杂的东西，而爱情也只是其中一部分，经常问自己若是责任与你所爱的截然相反，该如何选择？我总是摇摆不定，犹豫不决。就好像你若是选择了所爱，定然就会丢失责任，而人若失了责任活着这一世都是煎熬。可若是选择了责任，面对所爱的，想触碰却不得不远离时，心中又是难以平息的瘙痒。放不下，忘不了这一世，便要面对着它无数次的与你擦肩而过，你却始终不能为它停留。至今，我也没能找到答案，究竟是选择哪一条路。可我读到李煜的这首词时，我才明白，我们只能选择责任。

李煜在这个选择里，他毫不犹豫地选择了所爱，他的一生都在诗词歌赋里翩翩起舞，独领风骚。可是，却也被世人唾弃，被祖宗所嫌弃。为何？他做了一个好诗人，却没能做好一个皇帝。被囚禁的日子里，他也开始渐渐明了，亡国是多么的痛。这样的日子里，他总是泪流满面，祈求着上苍宽宏一些，让他好过一些，可是呢，他的心中只剩下了对亡国的悔恨，对亡国的疼痛，别的不再有。曾经那个风流倜傥的李煜，变成了每日流泪哭诉的李后主。

"林花谢了春红，太匆匆。无奈朝来寒雨晚来风。"红花已经凋零，随风而散，飘落的模样像极了无家可归的蒲公英，像极了失去家园的李煜。花开花落这一世太匆匆，不过是恍惚之间，便已落地成了春泥。蜉蝣的一生便是须臾之间，朝生晚死，太阳升起落下，它的一生便结束了。这花又何其相似，芬芳刚刚绽放，便到了结束的时候。四十年的基业，刚刚步入绽放之际，便这样结束。这花本就已飘零落地，可是早晨又来了一场寒雨，将地面与树叶都打湿了。深夜还有寒风吹过，这一生匆匆落地，可是偏偏连死亡都是这么受尽折磨。寒风寒雨将花摧残得残败不堪，这一如李煜此时的心。

这一句中"太"与"无奈"便是李煜心中的情绪，这一生太匆匆，不是匆匆而是太过匆匆，让人抓不住一丝一毫便走到了尽头。而"无奈"，他的心中本就有诸多无奈之感，而这一份无奈也表明，这寒风寒雨不是他所能控制的，他无可奈何。不是心不痛，不是不愁苦，不是……只是无奈啊。

"胭脂泪，相留醉，几时重。自是人生长恨水长东。"这风雨中的残花如同女子带着胭脂落泪后的情形，美得令人有些痴醉，可是这美却是悲情的，也不知何时才能重逢。可是花已落地又如何再次重上枝头，人已逝去又如何再相逢，国一破灭又如何再次重建？最后一句点出心中的仇恨，"自是人生长恨水长东"。心中的仇恨是无法消除的，就好像这水永远向东流淌一般，都是改变不了的事实。

这一首词中的情感是一步一步强化的，从惜花开始，到无奈中转，最后到愁苦难消结束。心中是撕裂的感觉，绞痛万分，无法停止。李煜亡国前的诗词多是偏温柔偏柔和，带着许多柔情蜜意。亡国后的诗词却是直白明了，恨就是恨，愁就是愁，不隐藏也不转折。应当是亡国的伤痛早已侵蚀了他的心，若说丧失爱情会让他痛哭流涕，难以入眠，那么亡国却让他失了心，丧了那些玩乐的念头，寒气入体再也无法祛除。

关于花，总让人想到黛玉葬花的事，比如那首《葬花吟》，其中关于落花说道："花谢花飞花满天，红消香断有谁怜？""一朝春尽红颜老，花落人亡两不知！"她的心死在了爱情里，她来到贾府本就是一孤苦伶仃的浮萍，想要扎稳脚跟，却没想到落得如此下场。花落可以与许多事项放在一起，可以是人亡，可以是国破，可以是人走。可不论是哪一种，红花一落便是满目苍凉，满心惆怅。

　　李煜的人生到了此时，就如暮年濒临老死一般，无任何区别。只觉得没有了生机，没有了斗志，除却心中的愁苦，又能留下什么，或许连他自己都不知。匆匆来一趟人间，又匆匆离开了人间，不知荣华富贵是否享尽，不知爱恨情愁是否带走，不知心中的亡国伤是否还在。只求来世，你落在一个书香门第，没有责任，没有负担，可以任你泼墨于纸上，醉心于诗词间。

第三节　寂寞梧桐深院锁清秋

《相见欢》

无言独上西楼，月如钩。寂寞梧桐深院锁清秋。

剪不断，理还乱，是离愁，别是一般滋味在心头。

初遇李煜便是这首《相见欢》，也叫作《乌夜啼》，那时我还是高中生，课本里多是李白、杜甫，但李煜的这首《相见欢》却深深地占据了我的心。每至清冷的夜晚我都会想起那句"寂寞梧桐深院锁清秋"，这里那份浓浓的悲伤是无法掩盖的。那时，还未迷上他，只是单纯地喜欢这首词，却对李煜没有过多的了解。

那时候我的同桌是一个字迹娟秀的姑娘，她独爱纳兰容若。每日抱着那本《饮水词》奉为至宝，下课时便如痴如醉地沉浸在里面，任你叫唤都不会理会你。可你一旦与她说起纳兰容若，她的双眼就如放光一般，她的作文里总会出现纳兰公子的诗词。"被酒莫惊春睡重，赌书消得泼茶香。当时只道是寻常。""人生若只如初见，何事秋风悲画扇。""山一程，水一程，身向榆关那畔行，夜深千帐灯。"这些纳兰容若的代表作，她总是在我耳边念着，久久萦绕在脑海里。午日的阳光洒落在她肩上，她在金光里吟诗的样子美极了。

曾经脑海里只有王维的淡泊，李白的狂放，杜甫的伤感，可是那一刻我忽然有些想念那位亡国皇帝李煜。他在月华下诉衷情的模样，他在黄昏感叹落花迟暮的伤感，这样一位风流才子，亡国皇帝，被留在千百年前的忧愁王子，便也深刻印记在了我的脑海里。

这一首词是李煜的代表作之一，诉尽人间疾苦，离愁别绪，将那一晚的梧桐深院印刻在无数人的心中。"无言独上西楼，月如钩。寂寞梧桐深院锁清秋。"清冷的院子里，空无一人，又恰巧是深夜，四处只剩下虫鸣风萧萧，没有了人的欢闹声。登上西楼，将自己与天的距离拉近。月依旧那么寒冷，四周的散着寒冷的白光，让孤寂的他更加寂寥。本想登上高楼看一看繁星当空照，看看黑夜里的热闹，却只看见了如钩的月。低头望去，院子里一片漆黑，只有一棵梧桐树矗立在那里，使整个院子更加清冷。

"锁清秋"其中一个"锁"字，不仅是这个宫墙将清秋，将落叶梧桐锁在里面。李煜这落魄的亡国皇帝的思乡之情、亡国之恨、孤寂的心都被这无形的枷锁，锁在了这宫苑里。亡国之后的李煜除却那些愁绪，还有的便是孤独。他不再可以与人一起演奏，一起春游，那些爱情的欢愉也不再有。如今无人在身边，见不到曾经的人，回不去大周后曾经住过的宫殿，那里的梅花树可能已被砍了吧，他们曾经走过的青石台阶，或许已满是青苔。从前的帝王，如今不过是一个苟延残喘的囚徒。

"剪不断，理还乱，是离愁，别是一般滋味在心头。"十八个字写得简单明了，没有修饰，却将这份心中的复杂的思绪写得那么真切。"剪不断，理还乱"这是用丝来比喻愁绪，丝本就是藕断丝连，理不清却也别想将它剪断。"心似双丝网，中有千千结"就好像这句，便是思念如网，而这份思愁也是如此。这丝本就谐音思念的思，这思绪本就是"此情无计可消除"，难以剪断丢弃的。这丝还理不清，似乎越理越乱，让人难以解除心中的千丝万缕。

于是称之为"离愁"吧，可是又不是简单的离愁，这其中夹杂着万千愁绪，是苦涩，是孤独，是悲凉，是感伤，是愁苦，难以说清道明，于是"别有一般滋味在心头"。若是能那么明了心中所想的究竟是什么，又何须深夜上西楼去寻求一份凉意？或许李煜是想去寻一缕风，让它吹散自己的愁绪，让它带走自己的忧愁。可是谁知，不仅没能吹散这满腔愁绪，反而使得心中的情绪越来越复杂。那份深夜里月钩下的梧桐树，唤起了他的孤独，最后便是思绪难言，无计可消除。

"梧桐落，蓼花秋。烟初冷，雨才收，萧条风物正堪愁。人去后，多少恨，在心头。燕鸿远，羌笛怨，渺渺澄波一片。山如黛，月如钩。笙歌散，梦魂断，倚高楼。"

冯延巳这首《芳草渡》几乎用尽了所有悲凉的物象，将所有的愁绪放进其中。最后也就是"人去后，多少恨，在心头"。梧桐、月钩、深院、深夜、倚楼都是寂寥的景物，冯延巳这首几乎全部提及，却始终不如李煜这首《相见欢》。每一个字是那么平淡地阐述，却让人陷入其中无法自拔，是那么多的愁绪。亡了国，连一个体面的地方也没有，也没有了欢歌笑语，什么也没有了，几乎就是一夜之间，从高处摔到了地上。这种落差，以及被囚禁后的煎熬，从身体到内心的煎熬，让人久久难以释怀。

李清照写自己的愁绪时说道："多少事，欲说还休。"将心中难以阐述的思绪变得那么绵延而悠长，萦绕在心头无法拆解。而李煜的则是"剪不断，理还乱"。这样的思绪又如何去理顺，如何去一刀两断？他不知，他只觉得想要断了这心中的愁绪，想要消除这心中愁绪，谁知所有的一切都让心中的思绪越陷越深，最后被纠缠在其中无法解脱。

多么想剪一段南唐时光，将它寄予李后主，让他在冷清的深院里，还能望着过往微笑着度过最后岁月。

第四节　多少恨，昨夜梦魂中

《望江南》（其一）

多少恨，昨夜梦魂中。还似旧时游上苑，车如流水马如龙，花月正春风！

多少泪，断脸复横颐。心事莫将和泪说，凤笙休向泪时吹，肠断更无疑。

想当年，梦当年，当年是最不能提起的过往，一旦想起自己便会陷入其中无法自拔。过往的美好，与今日的落魄相对比，是剧痛的。谁也知道，当过往成了一场编织的美梦，而此时却是在劫难逃，人也散了，地位也丢失了，连记忆都开始模糊了，过往又还会留下什么？或许留下的，只有满身的伤痕，和伤痕累累的心。只有潇洒的人才会不去忆当年，只有还有希望的人才不会去遥想过去。可是，李煜却什么也没有了，他只剩下了自己这副残骸，除此之外别无其他。

"多少恨，昨夜梦魂中。"每当午夜梦回时，那些美好的记忆便会浮现在眼前。他会看见那个金碧辉煌的宫殿，那空气中飘着熏香的味道的宫殿，那个载歌载舞把酒言欢的岁月。只是一刹那，便是站在废墟之间。眼前的一切都是灰蒙蒙的，无法分辨。数不清的蜘蛛网缠绕在石柱之间，宫宇之间。那片曾经开满了梅花的庭院，如今已是杂草丛生。瑶光殿三个字都变得模糊起来，这宫殿里哪还有大周后的身影，她摆放在梳妆台上的匣子已经布满灰尘，一触碰便会破碎。连他自己都分不清心中的心情，是苦涩，还是悔恨，还是伤感，还是无奈，或许都有吧。

"还似旧时游上苑，车如流水马如龙。花月正春风。"梦谁都会做，只是一旦进去了又如何愿意醒来？李后主的脸颊还有晶莹的泪珠，哭泣使人困倦，他竟然就这样趴在窗台上睡着了。他仍旧穿着龙袍，仍旧坐在金殿之上。金陵的街上依旧繁花似锦，车水马龙。正是春光无限好之时，四处散发着春天的气息，风光旖旎。只可惜，一切是梦，梦终归是会醒来的。

李煜这一首词写得十分简单而直白，开头先点名自己的心情是愁苦，而这愁苦猛地涌上心头是因为昨夜的梦。仿佛之间，便回到从前。李煜写着"旧时"与"还似"让人明了，后面所言的盛景都是虚假的，都是曾经的过往。李煜用"游上苑""车如流水马如龙。花月正春风"这样的景象来形容南唐曾经的繁华。这不禁让我想起白居易的《琵琶行》

里的京城歌女："今年欢笑复明年，秋月春风等闲度。弟走从军阿姨死，暮去朝来颜色故。门前冷落鞍马稀，老大嫁作商人妇。商人重利轻别离，前月浮梁买茶去。去来江口守空船，绕船月明江水寒。夜深忽梦少年事，梦啼妆泪红阑干。"都是曾经车马如龙，如今冷清不堪。忽然梦到年少之事，一时竟然泪流不止。李煜也是如此吧，回首过往，如黄沙入土一般，不留下痕迹。如今自己是阶下囚，受人看管，苟且偷生。

李煜的心中一定是恨的，只是他恨也无用，如今就算做斗争也是困兽之斗。在赵匡胤还活着的时候，李煜的日子过得还算好，至少不至于被辱，小周后还能在身边。即便解不了他的愁苦，却也能给予他些许安慰与温暖。可赵光义却不是如此，他或许不是贪恋美色之人，但是他一定想要羞辱李煜。有传言，赵光义曾找画师来绘画下他宠幸小周后的图。不过无从考证，毕竟赵光义虽然歹毒却也是一个有胆识才智之人，并不会如此鲁莽任性。但小周后被传进赵光义的宫中，却是事实。李煜的心情也是随着时间的推移，处境越来越糟糕，他也就越来越恨。心中的思绪无法平静，让他甚至有了复国的念头。

林仁肇的死，是他最后悔的事，李煜也曾写信给旧臣，诉说自己在里面生不如死的生活，以及渴望自由的意愿。可是赵匡胤与赵光义是不可能给他机会的，那时候五代十国这个混乱的时期也基本走到了尽头，南唐不过是赵匡胤的随手吞并之国。南唐从南唐中主李璟开始便已经衰弱不堪，李璟与李煜太像，所以李煜深得李璟的喜爱，只是这样的喜爱却白白葬送了一个国，这也是历史车轮的运转，挡不住的命运。

这首词写法相同，上阕写自己午夜梦回之时的幻境，下阕则写这些断肠之时。本就已泪流满面，掩面难以自控。这样的时候，不敢说自己的心事，害怕自己哭得更加凶猛。而凤笙更是不能在这时响起，那是一曲一曲断肠之音。就好像李煜此刻的心情，忆往昔的美好与现在相比，让他悔恨、悲痛、无奈多种情绪掺杂在一起难以自持。偏偏又是对泪说着心事，听着凤笙之音，便是"肠断更无疑"。

如果一直留在梦里或许日子还会快乐些，如果仍然不会后悔，沉迷诗书琴画或许他的内心没有这么惆怅。可是哪有那么多或许，如今的李煜只能在夜里对月诉说自己的苦涩与悔意。清冷的月色下，只有一名男子穿着单薄的衣衫，在庭院里向着月亮独自哭泣。

第五节 故国梦重归，觉来双泪垂

《子夜歌》

人生愁恨何能免，销魂独我情何限！故国梦重归，觉来双泪垂。

高楼谁与上？长记秋晴望。往事已成空，还如一梦中。

漫天飘扬的大雪，落地无声。只是一夜之间，大地便一片苍茫。银白色包裹着整个世界，放眼望去，满是白茫茫。大雪将一切污秽埋藏在了下面，无人会知，下面究竟是什么。而看雪的人，或是欢悦，或是迷惘，又或是惆怅。秋天的寂寥会唤起人心中的孤单与寂寞，而冬天的雪却也会令人陷入孤寂之中。仍旧记得柳宗元的那句"孤舟蓑笠翁，独钓寒江雪"，那种孤独的感觉比起大雁南飞、花开花败更加难以排遣。

这一日，窗外下着鹅毛大雪，如柳絮纷飞一般。这一场大雪，让我陷入深思之中。思绪便也随着这场雪飘去了千年前，那个白雪皑皑的小院里。这个小院在雪的衬托下更为寂寥，本就荒无人烟的地方，雪的亮色将狭小的庭院放大了无数倍，而孤单也随着一起放大了无数倍。庭院里，有一个男子，披散着发，穿着单薄的衣裳，伸着手去接空中旋转而下的雪花。他的嘴角挂着一丝淡淡的苦笑，是无奈吧，又或许是不甘的落寞。他是一个爱热闹的人，他不喜欢独处，独处让他忧郁的性格更加忧郁，孤独的身影更加孤独。可这样最为难熬的岁月里，这样在人生最后的岁月里，他是孤单的，孤独无依的，他是被囚禁在这庭院里的人，被囚困的还有他的心。

一年四季来来回回，也不过数十载，谁又能料到，这一生会如此坎坷起伏，又如何知道会一步步沦落至此。李后主的心有太多的悲伤，他似乎生来便是一个不洒脱的人，愁绪总是萦绕在他的笔尖嘴畔。李后主最初当王爷时，便才华横溢，热衷于歌舞笙箫与那山水之间。只是他并不够淡然，他爱金碧辉煌的宫殿，与花枝招展的宫女，他离不开这宫殿，也就做不到放浪形骸。可他又对禅有着一些痴迷，这样的喜好拼凑在一起本就是矛盾的。而他偏偏又登上了帝位，他的人生似乎从来不由他控制，哀求都无能为力。

大周后随着风去了，没有了她李后主便也更加孤单。尤其是在汴梁的小院里，他多少次想起当年的盛况。多少次午夜梦回，见到娥皇，他想要说的话还在嘴边娥皇便不见了，恍然醒来发现只是一场梦。多少次，哽咽着说不出话，哪怕是心中有千言万语却难以启齿，想要渴求的原谅到了嘴边却没有勇气说出。他还曾梦到爷爷李昪、父亲李璟，他哭诉着自己的一切，他渴求谅解。他懊悔，他忧愁，他再也不能为祖宗们上香，而自己又有何脸面去见他们呢？李后主的心在滴血，他似乎明白，活在这世间被人遗弃在这角落里，若是离开这世间，自己或许也是形单影只的。曾经的那些日子仍旧历历在目，可是却成了回不去的过往。

那一夜终于难以排遣心中的苦闷，于是他挥笔写下，"人生愁恨何能免，销魂独我情何限！"来诉说心中的千言万语。这一句如此白话地诉说心中的愁绪，却又感到辗转难以言说。李后主感慨自己这一生，"愁"与"恨"早已伴随着他，他的情绪离不开这两方面。"愁"，自己孤独地住在这偏僻的小院里，门外还有人把守着。他是被囚禁的俘虏，过着难以言说的生活，心中对此的愁绪又如何能摆脱。他忧愁自己的现状，也忧愁着自己的未来。"恨"，如何能不恨？曾经的纸醉金迷到如今的寂寥，他既悔恨，也仇恨。一个亡国皇帝，却要目睹自己国家的衰败，亲眼看见宋朝的崛起，他又如何不恨？"独我"也是李后主特意强调自己是最难熬的，最苦涩的。除却那些愁恨，李后主的心里还有无奈。他已经无法改变如今的现状，可又在这样清冷的夜里不断思索，让自己是如此的悔恨。一边不甘，一边无可奈何，心中的思绪当真是复杂难言。

"故国梦重归，觉来双泪垂。高楼谁与上？长记秋晴望。"在梦中到金陵又走一遭，醒来才发现自己又将枕头哭湿了。那些过往都化为泡影，只活在记忆与梦里。与谁一起登高望远呢？李后主转眼又是拍了拍自己的头，不禁苦涩地笑了起来。哪还有人啊，那不过是曾经。他永远都记得，那一个秋高气爽之日，他登高眺望远方，看着自己连绵不断的国土，看着自己的江山，心中说不出的豪情。那一日他将永远留在心中，南唐是他曾经的国土，他的天下。江山易了主，美人也消逝，金陵已不再是他的金陵。如今他也成了亡国之君，悲愤懊悔充斥着他的内心，难以平复。

千言万语最后也是化作一个"空"字，于是他写道："往事已成空，还如一梦中。"是啊，过往的一切都成了空，不过是一个梦一般，就这样消散。四十年的王朝就这样陨落，如流星一般坠落。李后主他是愁到不能再愁，恨到无法再恨，最后全部变为无奈。往事成空，犹如一梦，当真是浮生若梦。

这一首词，李煜未用景色来借景抒情，反而是平铺直叙，采用白描的手法来写自己心中的愁、恨与无奈。"独我""重归""梦""长记""空"不过是几个字，简单而明了的几个字，却让人读之难以抽身。这个寒冷的冬天，似乎因他的这首词，让我更加寒冷。他在千年前的呼唤，我在千年后听见。李后主的心在泣血，字字诉说着他心中的愁苦，而我却是读之难弃。无数的愁绪将我环绕，似乎我看见了那个在梦里落泪的君王。一代才子是过得如此艰难，他的后半生与前半生形成了鲜明的对比。让我竟也不自觉地泪如泉涌。

这一晚，他又梦到了过往，娥皇在梅花丛中掩面笑着呼唤他。

第六节　梦里不知身是客，一晌贪欢

《浪淘沙令》

帘外雨潺潺，春意阑珊。罗衾不耐五更寒。梦里不知身是客，一晌贪欢。

独自莫凭栏，无限江山，别时容易见时难。流水落花春去也，天上人间。

这一首词，是在李煜众多诗词里，我颇为喜欢的一首。甚至高于《虞美人》，或许《虞美人》是他最有名的那首词，也是让他殒命的那首词，但这一首却让我感受到了他的心。那一日，我被困在加油站，车窗外大雨滂沱，豆大的雨点拍打在玻璃上。车子因无法启动而无法开启空调，傍晚的寒意席卷而来，我坐在车里瑟瑟发抖的那一刻，脑海里便想到了那一句"帘外雨潺潺，春意阑珊。罗衾不耐五更寒"。我知道，这意境其实并不是那么相似，但心中浮现出来的便是这一句。屋檐下李后主消瘦的背影，格外清晰。

　　不论是"往事已成空，还如一梦中"还是"剪不断，理还乱，是离愁。别是一般滋味在心头"抑或是"自是人生长恨水长东"，李后主都将自己心中难以言表的愁恨诉说给人听，可是"梦里不知身是客，一晌贪欢"与"流水落花春去也，天上人间"却让人读之心如刀割，那种得之而失去，往事如烟随风而散，自己独自留在这荒凉之地的凄苦感顿时涌上心头。李后主就好像被流放的人，身在异乡更是异国，如梦一场就沦落至此。心中的痛楚，让人难以割舍。就如同"人间没个安排处"一样，那种痛楚孤寂早已深入骨髓，难以逃离。这与"问君能有几多愁，恰似一江春水向东流"不一样，我总觉得最后写那首《虞美人》的李后主，已经料想了结局，或者他是为了那个结局而写的这首词。这时的他似乎看透了一些，只是思绪如流水，少了些许撕心裂肺的痛楚。

　　"帘外雨潺潺，春意阑珊。"窗外雨声潺潺，春天的盎然生机竟又到了凋零时节。雨本就是带着许多的思念的意象，想念时说细雨绵绵，忧愁时说雨声潺潺，李后主的心也因雨声而更加苦涩。春天的生机勃勃与衰败之相是最容易勾起人愁绪的意境，千百年来无人可逃。去年春天，在家中养了一盆水仙花。开花之际，满室芬芳，我欢天喜地。可转眼之间，不过是一个星期，花便衰败不堪。那些枯萎凋谢的花，早已没有了当时的绚烂，看着它我也失了神。李后主面对着这样的花开花败，他或许会想到许许多多，比如自己的国家从兴到衰。虽然意境简单常见，却是如此朗朗上口又如此深入人心。

"罗衾不耐五更寒。"丝绸做的被子耐不住五更的寒冷，让人更是从梦里惊醒。究竟是窗外的气候太冷，还是心中早已寒冷如冰，才会耐不住这五更的寒气？古代的五更便是今时的凌晨三点到五点，也是下半夜最冷的时辰。

"梦里不知身是客，一晌贪欢。"梦里仍旧锦衣玉食，载歌载舞，美人在旁，南唐犹在。而自己竟然忘却了现实是亡国被囚，在梦里依旧享尽奢华，贪图那片刻的欢愉，殊不知梦醒了一切便也散了。梦里似乎就这样一生如此没有忧愁没有烦恼，可醒来却要面对这刺骨的寒冷，与难以改变的现况。国亡了，人散了，自己也被囚禁在他人的国都，这或许比死亡更可怕。在这里孤苦无依，不再是高高在上的君主，不过是被俘的亡国皇帝。这一句，李后主将自己如今的苦楚化为梦来诉说，只说贪图着梦里的那些享受，与现状相对比如此不堪。"身是客"也是在暗示他在汴梁不在金陵，在这里他是客，他在异国他乡。而"不知"与"一晌贪欢"两词，更是加重了心中的苦涩与愁苦。

"独自莫凭栏，无限江山，别时容易见时难。"君王总是登上宫殿最高之处，望向远方，环视自己的边疆国土，将自己的江山尽收眼底。李后主也曾登上高处眺望自己的江山，于是他说独自一人如今不要再去登高处，那些往昔的回忆会一拥而上让他泪流满面。离别容易，再见却难。人总说离别难，可是谁都知道一旦别离，想要再见却更加困难，于是才会别时难舍难分。这一句"别时容易见时难"，既是在说金陵，象征着南唐的这座国都，也是在说离世的大周后与被宣入宫的小周后。如今成了亡国之君，被囚禁在汴梁，金陵也就成了再也回不去的地方，至死李后主也无法与它再见一面。而大周后早已离开人世许多载，阴阳相隔不能相见。离别时，大周后就那样离开了他，他留不住，也再也无法相见，最苦涩的相思便是阴阳相隔你在彼岸而我仍在人间。而小周后他又能做什么，他连自己都无法保护，又有什么资格去恳求赵光义归还他的皇后。当真是"别时容易见时难"。

"流水落花春去也，天上人间。"这一句也不知是为何，好像总是能唤起人心底的伤痛。这一切都如同流失的江水，飘零的落花，离去的春天，今非昔比，是天上与人间之差。过去的岁月与如今的遭遇是无法相比的，而时光却不能倒流，那些过往成了回不去的地方，故国也成了回不去的地方。无限江山也如同这流水落花一般，一去不返，剩下的只有这深深庭院，和他这孤独的人，愁苦的心。除此之外，曾经的辉煌所剩无几。李后主用词总是能恰到好处，没有过多的累赘。每一个词都会将他的心思表达出来，并不会让人读之觉得可有可无。

这一首词，全词所塑造的氛围都是惨然而悲怆的，读者也难逃被席卷而入。宋徽宗曾写下"无据，合梦也有事不做"，却比不上那句"梦里不知身是客，一晌贪欢"。李后主被囚禁之后所写的诗词，大都成了经典之作，每一首都耐人寻味，却又是凄惨无比的自述。一生如梦一般，恍惚而过。

第七节　问君能有几多愁，恰似一江春水向东流

《虞美人》

春花秋月何时了？往事知多少。小楼昨夜又东风，故国不堪回首月明中。

雕栏玉砌应犹在，只是朱颜改。问君能有几多愁？恰似一江春水向东流。

公元978年七夕节，李煜四十二岁生日那天，宋太宗终于对他忍无可忍，用牵机药将他毒死，不久之后，小周后也自杀随李煜而去。这风流一世，流传千古的亡国之君便在这一年结束了人间的游历。

牵机药便是马钱子，它多用于古代帝王毒死近臣与妃子之时，而李煜这一次也是让它最出名的一次。牵机药这种毒药吃下去后，人的头部会开始抽搐，最后与足部佝偻相接而死。谁又能料想到，曾经的陌上公子，风流一世的君王李

煜会死得如此惨。李后主的一生在这首词中逝去，也在那个七夕节里逝去。他这一生繁花似锦，却又跌宕起伏，愁苦不断。前半生享尽荣华富贵，后半生受尽天下疾苦。

这一首词被称为李煜的绝命词，但我却觉得，这不过是宋太宗找的一个理由罢了。李煜就算一直活着，也不过是被囚禁的亡国之君，他也始终只是一个才华横溢的诗人。李煜生于七夕，似乎也就注定了他将会是风花雪月的公子。这一首词会成为经典之作，不仅因为它是李后主的绝笔，更是因为这一首词的意境。

"问君能有几多愁，恰似一江春水向东流。"李后主的这一句，让我想起张雨生的那句歌词："如果大海能够带走我的哀愁，就像带走每条河流，所有受过的伤，所有流过的泪，我的爱，请全部带走。"如果江水可以带走李后主的忧愁，他或许也能轻松一些，不用心事重重将所有的苦涩压抑在心头。"问君能有几多愁，恰似一江春水向东流。"李后主问自己到底有多少愁绪，他似乎也说不清，他只是说就好像那一江向东流去的春水。这个比喻十分抽象，向东流的江水，那是江水滔滔何其多也，可是那究竟是多少呢？却又说不清道不明，有些只可意会不可言传的意蕴在其中。这一句也是全词的点睛之笔，也是后世对李后主的最初印象。

"春花秋月何时了？往事知多少。小楼昨夜又东风，故国不堪回首月明中。"春花秋月不知何时会是尽头，往事如烟又会是多少，不知晓。昨夜东风再次拂过，故国的那些时光又一次蹿上心头，只是不堪回首。那些伤痛早已让李后主无法呼吸，那份悲痛牵扯着他的心，悲痛欲绝让李后主不忍回首，也不愿回首。那些过往的辉煌早已消散，再去回望只是徒添心中的苦闷，可是能不回首吗？不能，在李后主的眼中所有的事物都带着故国的回忆，所有的一切都带有金陵的影子。心中的苦涩从来没有消散，对故国的怀念从来没有断绝，于是他无法不去怀念，不去想念。

"雕栏玉砌应犹在，只是朱颜改。"金陵的那座宫殿应该依旧伫立在那里，玉石台阶仍在月光下闪着光芒，曾经与小周后私会的地方也不曾改变，只是曾经的宫女早已朱颜改换。物是人非才是最痛的吧，明明所有的建筑都还在，好像这一切都是梦一场，是人的改变才让他从中醒悟过来。此时的李煜心中有太多怀念，太多不舍，太过悔恨。他悔恨的太多太多，甚至怨恨自己执迷于琴棋书画，若是多将心思放在国家上，不错杀忠臣，不错听谗言，又如何会落到如此田地？

这一生恍惚之间便走完，写下这首词时他或许早就知道赵光义会杀了他。或者是如此痛苦，每日每夜都沉浸在失去故国的悲痛之中，他如此不甘地过着现在悲惨的日子，倒不如离去来解脱自己。他也不愿意隐藏自己的心事。李煜是性情中人，他总是将自己的心情写进诗词之中。当时与小周后私会的欣喜，与大周后闺房的调笑，寻春的欢愉，置身在歌舞之间的自己，他从来不隐藏。随着被囚禁的日子日复一日，他心中的愁恨苦涩也越来越浓，到如今的第三年，他早已不堪这愁苦，又如何隐藏得了？他渴望回到金陵的念想，又如何会断？

后蜀与南唐几乎同一时间被破，而后蜀最有名的便是花蕊夫人。她曾写过一首《述国亡诗》描绘亡国后自己的苦闷："君王城上竖降旗，妾在深宫那得知？十四万人齐解甲，更无一个是男儿！"她的这首诗与李煜所写的亡国词是恰恰相反的，李煜诉说的是自己的愁苦，而花蕊夫人写的却是苦闷与愤怒。她恨后蜀李后主在城门挂白旗投降，十四万兵将一起卸甲投降，她讽刺这些人都不是男儿。她或许觉得男子汉大丈夫就应该死拼到最后，应该在战场上战死而不是屈膝投降。李煜也是如此，只是那时的李煜还是不够伤痛。当他在汴梁受尽耻辱之后，他才幡然醒悟，只可惜他始终只是风流的才子，并没有一国之君的才能。

亡国是一个沉重的话题，亡国之人心中的思绪似乎表达方式迥异却愁绪相同。赵佶亡国后也曾写下诉尽心中苦涩愁绪的词："玉京曾忆昔繁华，万里帝王家。琼林玉殿，朝喧弦管，暮列笙琶。花城人去今萧索，春梦绕胡沙。家山何处？忍听羌笛，吹彻梅花。"过往的一切终究无法找回，如今的一切又是如此煎熬，想念故国的心是如此得难以言说。

许多人将李煜与赵佶相比，其实无法相比。南唐早就风雨飘摇是不争的事实，李煜所接手的南唐本就是即将倒塌的宫殿，并不是强国。国土面积不大，国力也不强盛，而面对的敌人却是赵匡胤。李煜虽然沉迷在自己的世界里，在外人的眼里他或许是一个很窝囊的皇帝，可他却还是一个爱民的皇帝。他的性格里本就没有那种弑杀的因子，也没有荒诞到赵佶那种程度。他的性格懦弱，同样他也不忍杀生。为了避免战争他也曾多次祈求，多次放下身份，他不过是不愿看到民不聊生罢了。

一杯鸩酒一饮而下，这个亡国之君如梦如烟的一生也由此结束。人已逝去，却留下了这些忧愁之词，为后世的我们留下了一笔财富。南唐慢慢消失在烟雾弥漫的江南里，李煜的身影也渐渐地消散在金陵的半空中。双眼望向人世的最后一眼仍旧停留在秦淮河上，那里是他牵挂了一辈子的地方，那里有过他最欢乐的日子，那有他难以忘却的回忆。

这一世他过得如此辛苦，多期盼他的下一世可以活得自由自在，随心所欲。"问君能有几多愁，恰似一江春水向东流。"